政権を支えた仕事師たちの才覚

官房長官と幹事長

橋本五郎

青春新書
INTELLIGENCE

はじめに――強い政権には必ず優れたナンバー2がいた

2018年2月26日夜、国会の衆議院常任委員長室――。

2018年度予算案の年度内の成立に向けて、衆議院で与野党がギリギリの攻防戦を繰り広げていた。

働き方改革関連法案の審議において、裁量労働制をめぐって厚生労働省が不適切なデータを出していた問題で野党が猛反発、予算案の審議拒否をしていたためだ。

ご存じのように、憲法では、予算案は衆議院で議決後、30日以内に参議院で議決されない場合、衆議院の議決が優先することになっている。年度内に確実に予算案を成立させるためには、残された時間はわずかしかなかった。

与党は焦りの色をにじませていた。野党は厚労省の労働時間調査のやり直しを求めており、このままでは年度内に予算案が国会を通らなくなるかもしれない。それだけはなんとしても避けたい。そこで公明党の井上義久《いのうえよしひさ》幹事長ら与党の幹部で集まって協議し、日本維新の会を除く野党が欠席したままでも強行採決してしまおう、ということに決まった。

夜8時半から、与野党幹事長・書記局長会談が始まった。立憲民主党の福山哲郎《ふくやまてつろう》幹事長らは厚労省の再調査と審議のやり直しを執拗《しつよう》に要求した。自民党の森山裕《もりやまひろし》国会対策委員長や林幹雄《はやしもとお》幹事長代理は会談を打ち切り、打ち合わせ通り、強行採決に進もうとした。しかし、自民党幹事長の二階俊博《にかいとしひろ》は立ち上がらない。「ウーン」と腕組みをして座ったまま、野党の言い分に耳を傾けようとしている。林らは二階に退席を促したが、二階は動かない。野党側の福山らは「幹事長と話している。陪席者《ばいせきしゃ》は黙っていろ」と林らを制し、会談を続けさせた。

国会で委員会や本会議を開くには、前日までの決定が慣例で、午前0時を回った段階で翌27日の予算案採決はできなくなる。このままでは野党の時間稼ぎで日付が変わってしまう。林らは休憩を申し入れた。

そして、あらためて与党内で対応を協議した。やはり強行採決しかない、という意見が大勢を占めた。

しかし、再会談になっても二階は変わらなかった。林らが「会談打ち切り」を合図するメモを渡しても、二階は動かない。野党側の聞き役に徹した。休憩を挟んで断続的に続いた会談が終わったのは27日午前0時過ぎ。27日の予算案衆院通過はなくなった。

夜が明けて27日。与党は衆院予算委員会理事懇談会で、河村建夫《かわむらたけお》予算委員長の職権によって、翌28日に予算委員会採決を行うことを決めた。委員会採決後、予算案はその日夜の衆院本会議で可決され、衆院を通過した。ギリギリのタイミングで年度内の予算成立も確実となった。何ということはない、結果的には採決が1日延びただけのことだった。

しかし、この1日に意味があった。それはわずか1日だけの違いだが、野党からすれば1日延ばしたということでメンツが立つ。安倍政権としても、年度内に予算成立の目処《めど》が立った上に、その後の国会運営が多少なりともスムーズに進む。同じ強行採決であっても、この1日の違いで政権への風当たりはずいぶんと緩和されるのだ。

二階がそこまで計算しての行動だったのかは分からない。最初から1日延ばそうと思っていたのか、そのときになってやらないほうがいいと判断したのかも、二階は決して口にしない。しかし、この絶妙な押し引きの間合いが、混迷を極めていた国会運営において、安倍政権への心強い後方支援となったことは間違いない。

この件一つ取っても、幹事長の手腕一つで、国会や政権運営が大きく変わるということがよく分かる。そして、決して盤石のスタートではなかった第2次安倍内閣が、歴代内閣の中でも有数の長期政権を誇るに至った要因の一端を垣間見た気がした。

＊

剛腕で鳴らした野中広務《のなかひろむ》は、小渕恵三《おぶちけいぞう》内閣の内閣官房長官（以下、官房長官）だった。

小渕内閣は発足当初から大変に苦労した内閣で、何よりまず不人気だった。内閣支持率は発足当初は期待も込めてある程度高いものなのだが、小渕内閣は最初から低支持率でのスタートだった。アメリカの新聞に「冷めたピザ」と揶揄《やゆ》されたくらいで、国民からあまり期待されていなかったのだ。

それ以上に大変だったのは、参議院で与党が過半数を割っていたこと。参議院で野党が反対すれば法案は何も通らないという、難しい政権運営を強いられていた。非常に不安定で脆弱《ぜいじゃく》な政権だった。

そこで野中は、政権安定のために苦渋の決断をする。もともとは同じ派閥で、１９９３年に党を割って出て自民党下野のきっかけを作った不倶戴天《ふぐたいてん》の敵・小沢一郎《おざわいちろう》。その小沢が率いる自由党と連立を組むことを画策する。野中の著書『老兵は死なず』（文藝春秋）の中のセリフを借りると「個人的感情は別として、法案を通すためなら、小沢さんにひれ伏してでも、国会審議にご協力いただきたい」として、自由党との連立に踏み切った。

しかし、「ひれ伏して」連立を組んだだけなら、小沢率いる自由党にいいように振り回されることは目に見えている。野中は自由党との連立だけを考えていたわけではなかった。その先に公明党をも巻き込んだ「自自公」という大連立を視野に入れていたのだ。

先に自由党が自民党と連立することで、公明党が入りやすくなる。自民党単独の政権と連立を組むのではなく、一つ手前に自由党がくっつくことで、公明党としても連立入りへの抵抗感が薄れる。野党のクッションができるからだ。

さらに公明党が加わることによって、今度は逆に、小沢の影響力が相対的に小さくなる。不倶戴天の敵にひれ伏すふりをしながらも、かなり手の込んだ戦略を描いていたのだ。

小渕は当初「俺の内閣は3日もつか、3週間もつか、3カ月もつか」と毎日ビクビクしていたくらい低支持率のスタートだったが、発足後8カ月で支持率が不支持率を上回り、その後は比較的、安定軌道を描くようになる（70ページ図表参照）。それには一日一日を一生懸命やるという小渕の基本姿勢とともに、官房長官だった野中の存在と手腕が大きくものを言ったことは間違いない。

＊

官房長官と幹事長の仕事ぶりの一例を紹介した。この本では、その二つのポストにスポットを当てて、政治記者として私が見聞きしてきたことを中心に、歴代の官房長官と、ほぼ一貫して政権与党を担ってきた自民党の幹事長（以下、幹事長）の仕事ぶりを振り返ってみたいと思っている。

ご存じのように、官房長官は、総理大臣にとって一番の側近で、いわば右腕的な存在である。幹事長は、総裁を支える党のナンバー2であり、与党・自民党の場合は通常、総裁が総理大臣となって行政に専念するため、実質的に党をあずかる最高責任者になる。

国や組織を動かしていくにあたって、総理・総裁のリーダーシップが何より重要であることは言を俟《ま》たない。しかし、トップリーダー1人の力で政治が動いていくほど、日本という国は単純にはできていない。トップリーダーのすぐ下の官房長官や幹事長が見えないところで汗をかき、頭を使い、時に清濁併せのみながら政治力を発揮していくことで、物事が動いていくというのもまた、一面の真実である。

振り返ってみれば、長期政権を誇った内閣には、必ずと言っていいほど名官房長官や凄腕の幹事長がいた。この本では、そんな政治の表舞台からは見えてこないナンバー2たちの役割と仕事師ぶりを浮かび上がらせてみたいと思っている。

官房長官と幹事長――目　次

2. 幹事長とは　43

第2章　「官房長官」という仕事

第3章　「幹事長」という仕事

本文DTP・図表作成／エヌケイクルー
章扉写真／
第1～3章、終章　読売新聞社
第4章　Gary Blakeley/Shutterstock.com（アメリカ合衆国議会）
Richie Chan/Shutterstock.com（イギリス議会）
meunierd/Shutterstock.com（ドイツ連邦議会）

※「支持率・不支持率」のグラフは読売新聞の調査による

第1章

政権を支える二つの大黒柱
——官房長官と幹事長

政権を支える大黒柱である官房長官と幹事長。まずは、その役割について見ていきたい。第2次安倍内閣発足以来の官房長官で、最長在位記録を更新し続けている菅義偉《すがよしひで》と、安倍の総裁3選を真っ先に支持した自民党幹事長の二階俊博。彼らは二人とも歴代の官房長官・幹事長の中でも影響力の強い特筆すべき官房長官・幹事長であろう。

なぜ、そうなのかを説明する前に、官房長官とはいったい何をする役職なのかについて最初に話をしよう。

1. 官房長官とは

官房長官とは何をする仕事なのか

ここに象徴的なエピソードがある。

菅が現れるまで、私は中曽根康弘《なかそねやすひろ》内閣時の後藤田正晴《ごとうだまさはる》が戦後最強の官房長官だと思っていた。その後藤田がこんなエピソードを残している。

あるとき宮中にお伺いして、昭和天皇に、ある認証官（国務大臣など、天皇による認証が必要な官職）の経歴をご説明にあがった。お役目が済んだ後で、陛下からお声がかかった。「なかなか忙しいようだね」と。後藤田が「はっ」と答えたら、「ときにどうなの……。官房長官というのは、どういうことをやるの」と陛下に聞かれた。後藤田としては突然のご質問で、何の用意もしていなかったので慌てた。結局15分ほどかけてご説明申し上げた、という。

これは後藤田の著書『内閣官房長官』（講談社）という本の「はじめに」に出てくるエピソードである。このエピソードが象徴しているように、天皇陛下ですら、官房長官は何をやっているんだろうと思っていたということだ。ましてや一般の国民なら、なおさらよく分かっていないに違いない。

なぜそんなことになるのか。官房長官は毎日のように記者会見をしていてその存在は誰もが知ってはいる。しかし、いったいこの人の仕事は何なのかということについては、多くの人が明確に答えられないということなのだろう。それが官房長官の仕事なのだ。

歴代官房長官の中でも、内閣全体を把握しているという掌握度からして、また、官房長官として尊敬されたという意味でも、恐らく群を抜いていると思われる後藤田でさえこんなエピソードを残しているくらいだから、一般の国民にはなかなか仕事の全容がわからないのも無理はない。

いくつもの顔を持つ官房長官

では、官房長官というのはどういうポストなのか。官房長官のいろいろな側面を簡潔に表現すると、まず「内閣のスポークスマン」という役割が挙げられる。かつては一日3回の記者会見をしていたが、いまは通常、午前と午後の一日2回の記者会見をしている。

これが諸外国ではどうなっているか。例えばアメリカや中国では誰がスポークスマンを務めているかというと、多くの国では日本のように閣僚(大臣)が務めているわけではない。アメリカではホワイトハウスの報道官だ。中国でも外交部の報道官がやっている。よくテレビで見るあの女性報道官(華春瑩《かしゅんえい》)だ。

このように専門の報道官がやっているのだが、日本の場合は伝統的に内閣のナンバー2である官房長官がやっている。ナンバー2というのは必ずしも序列の意味ではなく、要するに首相の一番近くにいる閣僚がやっているということで、その意味では諸外国よりはるかに重視している。しかも一日2回もやるということで、内閣のスポークスマンというのは、非常に大きな役割があると考えられているということだ。

また、総理大臣の女房役、というと語弊があるかもしれないが、要するに、総理大臣といわば一心同体で、総理大臣にもっとも近い閣僚であるという、その距離の近さが挙げられる。

また、たんに距離が近いというだけでなく、「内閣の大番頭」という役割もある。第4次安倍改造内閣では、閣僚は総理大臣も含めて20人いるが、その閣僚を束ねる大事な役割を担っている、とも言える。

さらに、もう一つ非常に大事なのは、行政機関である各省庁を束ねるという役割がある。各省庁に睨《にら》みをきかせ、コントロールし、マネジメントするという役割だ。

もう一つ大事な役割として挙げられるのは、与野党との調整だ。行政府である政府と立法府である国会との調整も、官房長官の重要な仕事の一つと言える。

こうして見ていくと、官房長官というのは、いくつもの顔を持っていることが分かる。さまざまな顔があるからこそ、官房長官とは何をする役職なんだろうという疑問が出てくることにもなる。

その役割は「けんかの仲裁役」？

そもそも法律（国家行政組織法）では、各省庁の指揮監督をするのは担当大臣ということになっている。総理大臣は直接的には各省庁を指揮しないというのが日本の建前だ。そこが縦割りといわれるゆえんでもある。

ただし、総理大臣というのは、閣僚の任免権があるので、閣僚を任命、あるいは罷免《ひめん》することを通じて、その省を掌握するというかたちになる。その意味では間接的な指揮監督システムなのである。

だから、かつてロッキード事件で、当時の総理大臣・田中角栄《たなかかくえい》が賄賂をもらい、その職務権限を利用して、運輸大臣を通さずにロッキード社の航空機購入を指示したということで有罪になったが、あれは国家行政組織法からすると問題のある判決でもある。建前として総理大臣に指揮監督権はないことになっているからだ。

いずれにせよ、総理大臣は、それぞれの担当大臣を通じてしかその省庁を指揮できないことになっている。各担当大臣は、それぞれの省の指揮監督権を持っている、つまり、それだけ権力を持っているということなのだ。

では、ひるがえって官房長官はどの省庁の指揮監督権を持っているか。それは、かつては内閣官房、現在は2001年の省庁再編で内閣府という大きな組織も加わったが、それらの長である総理大臣を補佐するのが官房長官の職務である。各省庁にまたがる事柄、あるいは、どこの省の管轄なのか判然としない問題などに対して調整したり、担当したりする必要が出てきたときが官房長官の出番なのである。

それからもう一つ、各省大臣が担当する役所同士がぶつかって、収拾がつかなくなるようなときに調整役をするのも官房長官の役割である。

後藤田はこれを称して、官房長官の仕事とは、いわゆる「まとめ役」と「けんかの仲裁」だけが権限だと、端的に言っていた。

三原山噴火で見せた後藤田官房長官の見事な危機管理対応

そのことを象徴する話がある。1986年11月、伊豆大島の中心にそびえる三原山が噴火した。溶岩が島じゅうに流れ出して、大変な状況だった。当時は中曽根康弘《なかそねやすひろ》内閣で後藤田が官房長官のときだった。

大島の島民・観光客は1万226人いたが、溶岩が住宅地にまで流れ出してきていた。

どうやって島民を救出するかが時間を争う最重要問題だった。

当時、災害担当を担っていたのは国土庁。いまは省庁再編で国土交通省になっているが、当時は国土庁を軸にして関係各省庁が集まって、災害対策本部ができた。

ところが、各省庁との調整に手間取り、一向に対策が出てこない。縦割り行政の弊害である。省庁同士があぁだこうだと押しつけ合い、できない理由を言うばかりで、時間だけがいたずらに過ぎていった。

業を煮やした後藤田はどうしたか。各省庁の連携がうまくいかないときは、官房長官が調整をするという本来なら消極的な内閣法の規定を逆用して、内閣官房に権限を集中させたのだ。このときの初代内閣安全保障室長が佐々《さっさ》淳行《あつゆき》。警察官僚時代からの後藤田の腹心である。

すでに溶岩が流れ出してきていて一刻の猶予も許されない状況で、いま、一番大切なことは何か。それは島民を救うことである。いかに島民をすばやく救出させるか。救出させるにしても、島だから周りは海。走って逃げるわけにもいかない。船で脱出させるしかない。しかし、いま島にすぐに行ける船はあるか、と調べてみたが、どうにもこうにも数が足りない。

後藤田はどうしたか。南極観測に向かう「しらせ」という船が大島の近くを航行していることがわかった。「しらせ」の管轄は当時の文部省（現・文部科学省）。文部省を通じて、「しらせ」に南極に向かうのは後にして救出に行けと命令した。「しらせ」は南極に行くのが任務である。断ろうと思えば断れた。ところが、断ろうものなら、「それで死者が出たらおまえたちのせいだぞ」と脅したのだ。

また東海汽船という大きな民間の船会社があり、まだ航海に出ていない未就航船を所有していた。これもまた運輸大臣を通じて、運輸省から救援に向かえと東海汽船に命じた。東海汽船は民間の会社だから、そんな命令に従う義務はどこにもない。しかし、当然のことながら救出に向かわざるを得なかった。

こういう具合に船という船を集めて大島に向かわせた。それによって全島民・観光客1万226人が無事脱出することができた。佐々淳行は後に振り返って、「暁《あかつき》の大脱出」と西部劇みたいな命名をしたが、後藤田官房長官を中心とする見事な危機管理対応だったと言える。

政治家の個性、力量でこんなに変わる

内閣官房長官というのは、他省庁がまとまらないときの調整役という、ともすれば消極的な権限しかない存在とも言えるのだが、三原山噴火のときはむしろ積極的にそれを利用したということである。これは官房長官が後藤田だったからできたとも言える。

逆に言うと、官房長官というのは、何をやるかよく分からない役職だけに、誰がなるかによってその存在価値がまったく違ってくるのである。ここが国民の命にもかかわる、ものすごく大きいことなのだ。

それに比べると、阪神大震災のときはどうだったのか。

当時は村山富市《むらやまとみいち》内閣で、官房長官は五十嵐広三《いがらしこうぞう》。あのときの政府の対応はとにかくひどかった。首相の村山自体がどうしていいかまったく分からないという感じで、オロオロしてＮＨＫの中継を見ているだけ。初動対応のまずさを指摘されても「なにぶん、初めてのことでございますし……」と弁明する始末だった（後に発言を撤回）。

官房長官は法律的にそれほど権限が明確であるというわけではない。であるだけに、やろうと思えば、総理大臣の名において何でもできるのが官房長官でもあるということだ。

だから、法律上の限界はあるものの、そのときの官房長官の個性、力量によっていろい

ろなことが可能になるということでもある。そして、それがまたそのときの内閣、政権の強さに直結すると言えるわけだ。

安倍一強の土台を支える菅官房長官

第2次以降の安倍内閣は「安倍一強」と盛んに言われ続けた。歴代内閣の支持率・不支持率のグラフを見てもらえばよくわかるが、第1次安倍内閣以降、野田まで、第1次安倍、福田《ふくだ》康夫《やすお》、麻生《あそう》太郎《たろう》、鳩山《はとやま》由紀夫《ゆきお》、菅《かん》直人《なおと》、野田《のだ》佳彦《よしひこ》の6代にわたって、ずっと内閣支持率と不支持率が「X」を描いている。最初は支持率が高くても、すぐにどんどん落ちていって、早いのでは3カ月、遅くても半年で支持率と不支持率が交わり、半年も過ぎると転落の一途をたどることになる。

そういう中にあって、第2次安倍内閣はいったいどこで交わったかといえば、発足して3年近くたった2015年の安保法案のときにようやく交わる。交わるものの、それからほどなくしてまた回復する。

そしてまた、森友学園問題・加計《かけ》学園問題のいわゆるモリカケ問題などで2017年に交わるが、その後、また回復する。

●鳩山内閣

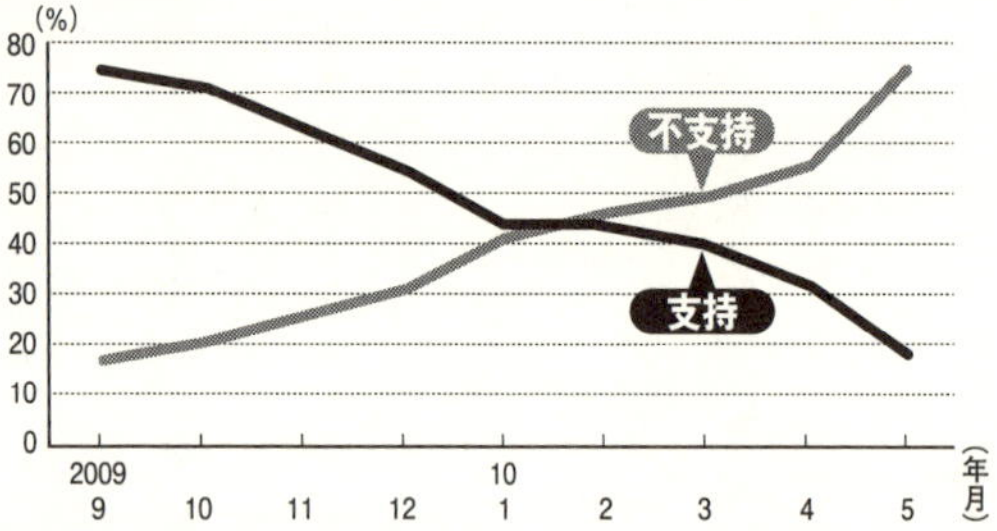

●菅内閣

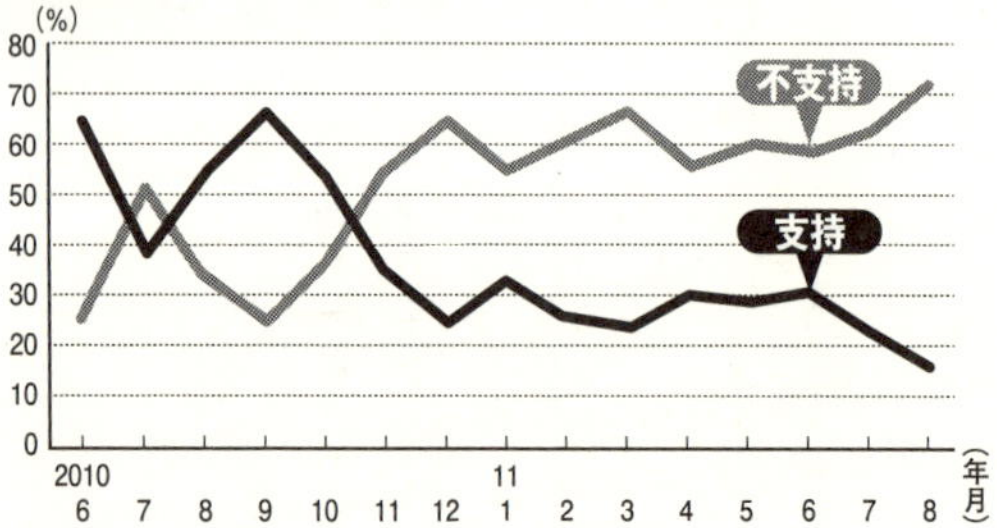

●野田内閣

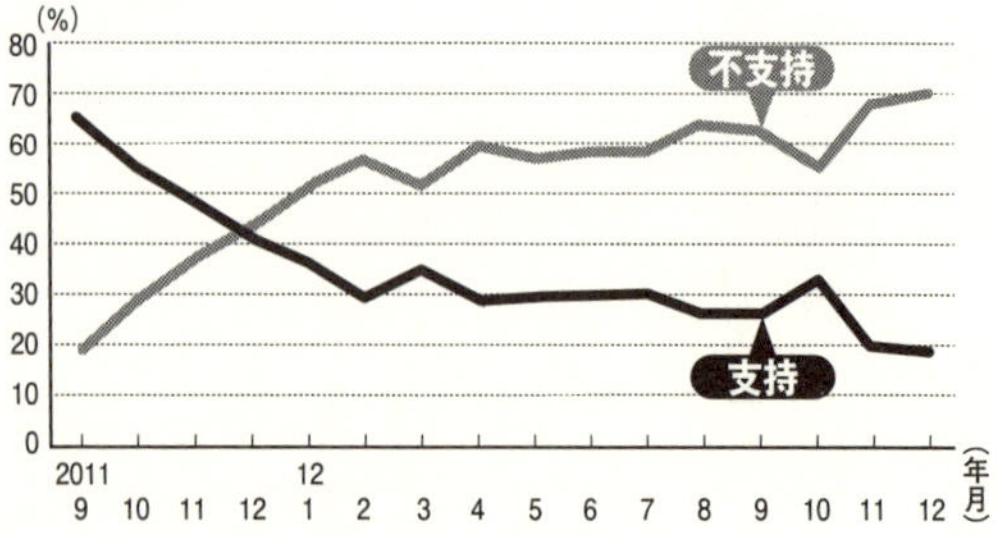

第１次安倍内閣以降の内閣の支持率と不支持率の推移

●第１次安倍内閣

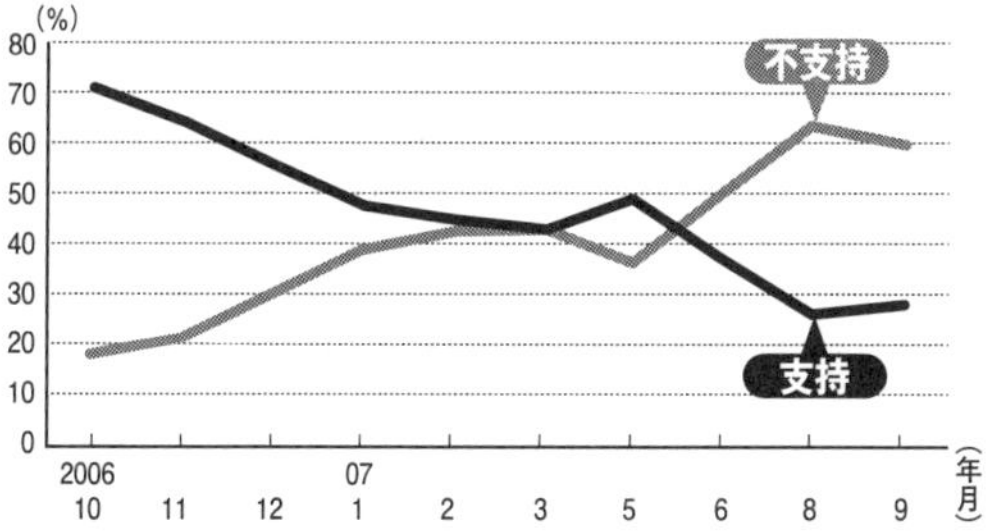

●福田内閣

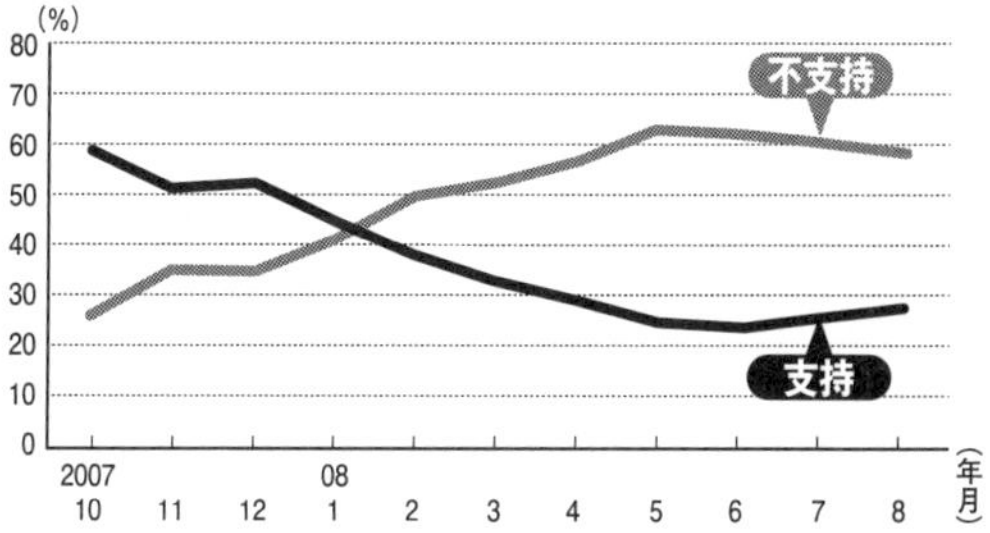

●麻生内閣

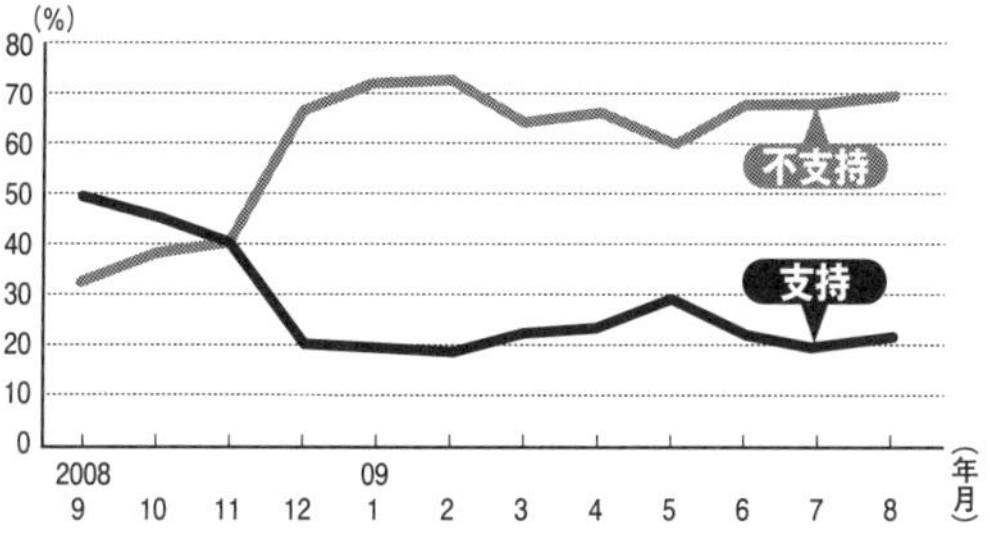

第２次安倍内閣の内閣の支持率と不支持率の推移

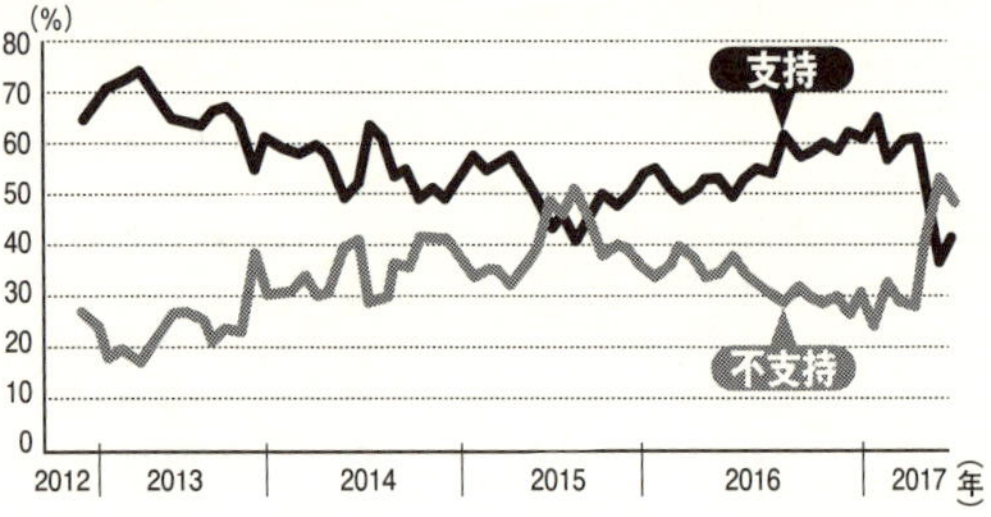

これは歴代内閣でもとても珍しい現象といえる。それがまた安倍一強にもつながったということなのだが、その強さの源はどこにあったのか。

高い支持率を維持しているというのは、安倍自身の人気度ということはもちろんあるのだが、やはり一つは、アベノミクスで確実に経済・雇用がよくなっているということがあるだろう。格差が広がったという意見もあるが、少なくとも数字の上では株価は民主党政権時代より確実に上昇しているし、雇用も拡大している。これは経済全体が明るくなったということがはっきり言える。それが一つの理由だ。

もう一つは、私は、国論を二分するような問題に、大胆に挑戦しているということも挙げられると思っている。それは特定秘密保護法にしても、安全保障関連法にしても、テロ対策特別措置法にしても、すべて国論を二分する問題だ。集団的自衛権の見直しにしてもそう。国民の是非の判断が大きく分かれるような重要な課題に堂々と取り組んでいるということを、やっぱり国民は評価しているのだと思う。

と同時に、もう一つのポイントは、菅官房長官の各省庁の掌握度、グリップ力も忘れてはならない。もはや菅は官房長官として後藤田をしのぐ存在になったとも言える。官房長官として歴代最長の在位期間で、継続してやっているということもあるが、長さだけでなく、その影響力という点においてもだ。

菅官房長官の力の源泉は？

では、その影響力の源泉はどこにあるのか。力の源は何から来ているのだろうか。

第一は、総理大臣との一体感だろう。

そもそも、第1次安倍内閣で失敗して、もう立ち上がれないほどの絶望のふちにあって、出馬を渋る安倍を後ろから背中を押して、総裁選に立たせた。一心同体とも言えるような信頼関係が総理大臣との間にあると言える。これがまず非常に大きいだろう。

総理大臣にとって自分の地位を脅《おびや》かされないという安心感。総理大臣からしたら寝首をかかれるのが一番困るのであって、そういうことをまったく感じさせない。この一体感が非常に大きな、菅自身の力の源泉にもなっている。

二つ目は、これはナンバー1を目指さない強さ、とでも言おうか。

歴代官房長官というのは、多くはその先に総理・総裁の椅子を見据えている。いわば官房長官は一つのステップ、悪く言えば踏み台にするところがある。

そういう意識があるとどうなるか。どうしても行動の基準が自分のためになってしまう。あるいは、余計なことをして自分の出世に響くくらいだったら、無事大過なく任務を全うしよう、ということにもなりかねない。総理大臣のため、国のためじゃなくて、自分の出世のため。少なくとも菅はそういうのを一切見せない。本音は分からないにしても、それが感じられない。

この感じられない、ということが大事になってくる。というのも、政治においては何が本当であるか、ということが大事なのではない。本当らしい、と思わせられるかどうかが大事だからだ。

それはナンバー1を目指さないと思わせる人間の強さだろう。自分の出世のためということでなければ、誰に対しても強いことが言える。国のためだ、総理のためだと言えるのである。

それから三つ目が、省庁の完全掌握だ。

これは何を力の源泉にしているかというと、内閣人事局だ。官房長官として菅はこれをフルに活用している。

本来の国家行政組織法の趣旨からいうと、事務次官以下は、大臣が指名して、閣議で決めるというのが建前だから、内閣人事局が決めるのはおかしいと言えばおかしい。各省庁の指揮監督をしているのは担当大臣のはずだからだ。しかし、そうであっては縦割り行政の弊害を除去できない。また、これは小沢一郎などが言いだしたことなのだが、官僚主導を排除し、もっと政治主導にしなければいけないということで、官僚が内閣全体に奉仕するために作られたのが内閣人事局だ。これはこれで非常に新しい発想として、意味があった。

ところが、いまやこれが、いわゆる過剰な「忖度《そんたく》」を生んで、行政をゆがませる諸悪の根源みたいに言われたりもする。それもまたおかしな話だ。

省庁の垣根を越えて、新しい時代の課題に取り組んでいくにはどうしたらいいか。一番大切なのは、内閣がこういう方針で臨もうというとき、例えば特区制度を設けることによって岩盤規制を取り払おうということならば、みんなそれに従ってもらわなければ困るわけで、人事もそれに付随しないと意味がない。すべてが同じ方向を目指さなければ効果は発揮しないということで、内閣人事局を作ったのだ。政府主導は政治主導の一つでもあるということだ。

ところが、それが時に人事権の乱用だったり、脅しに使われたりすることになる。そうすると官邸の意向に従わなければ、自分たちの出世はなくなると官僚も思ってしまう。そう思わせるところがこの制度のミソでもあるのだが、本来ならば政治主導のミソのはずなのだ。

結局のところ、どのような制度であっても必ず一長一短がある。行き過ぎればその弊害が出てくるのは当たり前。問題は、制度自体というより、それをどううまく使うかという運用の仕方の問題なのである。

その意味では、菅はやり過ぎのところもある。影響力が強すぎるがゆえ、一連のモリカケ問題にしても、官僚による過度の忖度がどうしても働いてしまうということなのだろう。いずれにせよ、各省庁の人事をしっかり掌握しているということが、官房長官としての菅の大きな力の源泉になっていることは間違いない。

失言の少なさはどこから来るのか

四つ目は、失言の少なさ、というよりも、ほとんど失言がない珍しい政治家である。失言がないから足を引っ張られることがない。

官房長官は毎日記者会見をやるのが仕事なだけに、どうしても失言をしがちだ。これは官房長官にとって鬼門とも言えるだろう。

失言に関連して、第１次安倍改造内閣での官房長官・与謝野馨《よさのかおる》の絶妙なエピソードを挙げておこう。

第１次安倍内閣は、ただでさえ社会保険庁のずさんな年金記録管理問題で支持率を下げていたところで、閣僚の不祥事、失言が相次いだ。規制改革担当大臣の佐田玄一郎《さたげんいちろう》や農林水産大臣の松岡利勝《まつおかとしかつ》、赤城徳彦《あかぎのりひこ》の事務所費問題、防衛大臣の久間章生《きゅうまふみお》の「原爆投下はしょうがない」発言で、４人とも閣僚を辞任。内閣改造後に農水大臣になった遠藤武彦《えんどうたけひこ》も就任８日で金銭問題で辞任。辞任こそしなかったが、厚生労働大臣の柳沢伯夫《やなぎさわはくお》による「女性は子どもを産む機械」発言もあった。

そんな不祥事、失言が続いたこともあって、与謝野が官房長官のときの記者会見で「なぜ閣僚にするにあたってしっかり身体検査ができなかったのか」「そんなこと分かっていたはずではないか」という質問が出た。そのとき、与謝野は何と答えたか。とっさに「森羅万象、すべて分かるというものではありません」と切り返したのだ。聞いている記者は「森羅万象……？」と、携帯電話でパパッと検索しだしたというエピソードがある。そのぐらい、完全に教養で記者をけむに巻いた。そういう瞬発力が与謝野にはあった。

官房長官には、こういう瞬発力が求められるところがある。それだけに、菅の失言のなさというのが際立つのだ。

一方で、中曽根内閣時の藤波孝生《ふじなみたかお》官房長官のときは「ブリキのパンツ」と言われた。ブリキのパンツを穿《は》いているというのは、一切脱がせられない、ということ。つまり、ボロを出さないということだ。そういう意味で、菅もブリキのパンツのようなものかもしれない。そのくらい失言が出ない。

失言というのは、ある意味ではそれ自体が愛嬌になることがあるが、内閣の命取りになることも少なくない。菅はそれを十分に心得ているのだろう。

菅の失言の少なさは、もちろん彼の性格もあるのだろうが、これまでの半生によるところも大きいのではないかと私は思っている。

菅は秋田県の山形に近い秋の宮というところの出身で、農家の長男として生まれながら、農家を継ぐのは嫌だということで、高校卒業後、反対を押し切って上京。段ボール工場でアルバイトをしたり、いろんな辛酸をなめて、法政大学に入学する。大学卒業後、私が当時担当をしていた小此木《おこのぎ》彦三郎《ひこさぶろう》衆議院議員の秘書になり、やがて横浜市議会議員になり、国会議員になる。

こういう下積みというか、社会の底辺の部分まで垣間見た人間の強さ。それが菅にはあるのではないか。それが軽はずみな失言をしないしたたかさにつながっているのではないかと私は思う。

圧倒的な情報量という強み

それから五つ目、圧倒的な情報量が強みになっている。

その情報量というのは、官房長官だから内閣調査室や警察庁などを使って、いろいろな情報を集めようと思えば、総理の名のもとにおいていくらでもできるところがある。だから実際に、内閣改造や組閣時に閣僚を選ぶ際、これらの情報も駆使して、いわゆる身体検査をするわけだ。

菅の情報量についてはそれだけではない。彼は朝5時に起きて、ＮＨＫをはじめ各局のテレビのニュースを見ているという。そしてホテルで朝食会を開いて、そこに民間の有識者などいろいろな専門家に来てもらっている。そして彼はもっぱら聞き役に回る。自分の考えや政策を言うというよりは、聞き役に徹して人の話を聞いて情報を集めている。そのようにしてあっちこっちにアンテナを張り巡らせている。彼は情報が命だということをよく分かっているのだ。

情報を持っているとどうなるか。役所は自分のところの省の利益になるような話を菅のところに持ってくる。しかし、役所が言うことは本当にそうなのか、自分が聞いているところでは違う話があるぞ、といった判断ができる。そうなると、役所も自分たちに都合がいいだけの情報を持っていけなくなる。自分たちに都合がいいだけでは聞き入れてもらえなくなるからだ。そういうふうにして、決して役所の言いなりにはならない状況が作られるのだ。

これは本人から直接聞いた話なのだが、皇居の乾《いぬい》通りの一般公開という行事がある。平成26年の天皇陛下の傘寿（80歳）を記念して春の桜の季節と秋の年2回実施されたのだが、工事などの関係で、翌年から年1回になった。工事がすめば年2回に戻すのかと思いきや、宮内庁は年1回でも大変なのだからと年2回に戻すのを渋るというのだ。本当にそうなのか、宮内庁がしたくないだけのことじゃないかと、菅は自身の情報網から反論した。それによって結局、平成30年からは年に2回に戻す予定だという。

そういう意味でも、菅は庶民感覚的なものを持っていて、役所の常識にとらわれないところがある。そこは役人出身じゃないということも大きいかもしれない。最初に役所を疑ってかかるところがあるのだ。それは安倍晋三も同じだ。

こういう具合に決して役人の言いなりにならない。それはあちこちに情報源を持ち、たくさんの情報を持っている強みがあるからなのだ。

歴代長官に見る官房長官の四つのタイプ

菅をはじめとする代表的な官房長官の行跡《ぎょうせき》は後章で詳しく紹介するとして、歴代の官房長官はそのタイプによって大きく四つに分けられると考えている。

後に総理もやる竹下登《たけしたのぼる》は、佐藤栄作《さとうえいさく》内閣のときに官房長官をやり、田中角栄内閣時も29日間と短い期間ながら官房長官を務めた。後に振り返って、官房長官には二つの分類があると竹下は言った。

一つは副総理格の官房長官。これには例えば、緒方竹虎《おがたたけとら》（吉田茂内閣）だとか、保利茂《ほりしげる》（佐藤内閣）らを挙げている。恐らくこの副総理格のカテゴリーの中に、後藤田とか梶山静六《かじやませいろく》なども入ってくるだろう。私はこのタイプを「実力者型」と分類している。

それから二つ目は、秘書官並みに使いやすいタイプ。その典型が竹下登ではないか。私はこの秘書官並みに使いやすいタイプを「忠臣型」と分類しているが、ほかにも、藤波孝生（中曽根内閣）、小渕恵三（竹下内閣）らがこれに含まれるだろう。

その二つの分類以外に、私はもう二つ、「野心型」と「総理への階段型」の、大きく分けて四つのタイプがあると考えている。それぞれのタイプの特徴と政治家については、あらためて詳しく触れたい。

2. 幹事長とは

幹事長が持つ強大な力

官房長官とともに政権の土台を支えるのが幹事長だ。ここでは長らく政権を担ってきた自民党の幹事長のことを指している。幹事長は自民党では党内ナンバー2の存在である。ナンバー2とはいっても、自民党が最大与党である限り、ナンバー1の総裁は総理大臣として行政に専念しているわけだから、その意味では、実質的に自民党内のナンバー1と言っていいわけだ。

そして、そのナンバー1たる力の源泉はどこにあるのか。端的に言うと、それは「金」と「ポスト」、そして「選挙」である。この三つを握っているということが大きいのだ。

「金」に関しては、自民党の予算を握っているということが挙げられる。まず何といっても政党交付金。政党交付金は一定の要件を満たした政党に、国会議員数に応じて国庫（税金）から支払われる政治活動資金だ。２０１８年の自民党の政党交付金は１７４億８９００万円。この大金を管理し、分配する権限を自民党幹事長は持っている。それだけではなく、企業・団体からの献金もまた分配する権限がある。ちなみに、２０１６年の自民党の政治資金団体「国民政治協会」への企業・団体献金は約23億円。これらの大金を任されているのが自民党幹事長なのだ。

それから次にポスト。財務大臣などの閣僚は、総理大臣が自民党各派閥からの意見も聞きながら決めるのが一般的だ。ただ、小泉純一郎《こいずみじゅんいちろう》が総理大臣だったときのように、その慣例に従わず、誰にも一切相談しないで独断ですべて決めるというケースもあった。いずれにせよ、国務大臣は総理大臣が決めることに変わりない。しかし、各省の副大臣や政務官、それから青年局長や選挙対策委員会委員長といった自民党の主要ポスト、さらに国会の常任委員長だとか特別委員長などを含めると、全部で８００近くにも上るといわれているのだが、こういったポストの人事も最終的に幹事長の権限であるのだ。

三つ目が、選挙である。「猿は木から落ちても猿だが、代議士は選挙に落ちればただの人だ」と言ったのは、かつての自民党副総裁・大野伴睦《おおのばんぼく》。それだけ選挙は政治家にとって生殺与奪を握る大問題だ。その選挙において、自民党公認を与えるかどうか、選挙資金をどうするかといったことも、最終的に幹事長の権限で決まる。

ということで、幹事長が絶大な権限を持っていることがお分かりいただけると思う。それだけに、歴代の自民党幹事長を見てみると、力のある政治家が多い。近年では、その典型が小沢一郎だ。「神輿《みこし》（総理大臣）は軽くて、パーがいい」という名言（迷言？）を吐いたといわれる。小沢は海部俊樹《かいふとしき》内閣時の幹事長だったのだが、こんな発言が話題になるくらい、総理大臣より力を持っていた幹事長もいたということなのだ。

幹事長が力を持つようになった「総・幹分離」体制

幹事長が総理・総裁と比しても力を持つようになったのは、じつは大平正芳《おおひらまさよし》内閣からで、それまで幹事長というのは、ずっと総理・総裁の分身のような側近の人間がなるのが普通だった。トップリーダーである総理・総裁としては、当然ながらそのほうがやりやすい。自分は総理大臣として行政に専念して党務は留守にするわけだから、きちんと留守を守ってくれる人でないと困る。そのため、自分に近い人間を幹事長に据えていたわけだ。

ところが、自民党が分裂寸前までいった福田・大平の四十日抗争（１９７９年）など、党内の激しい対立を経ることになるが、自民党総裁と幹事長を別の派閥から出すというのが、党内の暗黙のルールというか、半ば慣習化していくようになる（これを総・幹分離と言う)。金脈問題で辞任した田中内閣後の三木武夫《みきたけお》内閣のときからそういう流れになるのだが、事実上、大平内閣のときから完全な「総・幹分離」体制になっていく。総裁と幹事長は違う派閥出身者にして、総理・総裁に対する権力・権限が集中しないようバランスを取る仕組みを作ったのだ。

そんな経緯もあって、総理大臣を目指す人間なら、その布石として幹事長を経験しておく必要がある。そうしないとトップに上がれない、という流れになった。

そのような自民党幹事長の歴史の中で、現在の幹事長・二階俊博というのは、かなり特異な存在である。

というのも、一つは、年齢的、経歴的にも次なるステップ、つまり総理・総裁を目指しているようには思われていないこと。これは官房長官の菅と同じだが、菅はもしかしたら見せないだけかもしれない。しかし、二階を明らかに次の総理だと思っている人は誰もいないし、本人もその気はないだろう。その意味では、最近では非常に珍しいタイプの幹事長なのだ。

二階幹事長に見る党人派幹事長の特徴

この二階を見ていくと、伝統的な自民党の幹事長というか、自民党の実力者の一つの姿が浮かび上がる。

まずその一つの特徴が、「数は力なり」を体現していること。例えば、2015年2月の韓国訪問の際には1400人を引き連れて、当時の朴槿恵《パククネ》大統領に会っている。2015年5月の中国訪問の際は3000人の同行者だ。こうなると習近平も出てこざるを得なくなる。そして、人民大会堂で3000人が習近平と記念写真を撮るほどの歓待を受けた。2018年4月のロシア訪問の際も、政財界のトップなど200人を連れていっている。

まさに「数は力」。この数であっと言わせるという政治手法。しかも、ものすごく強権的というわけではなくて、柔らかいかたちで数は力なりを見せつける。そのやり方が半端じゃない。そもそも二階の場合、人と会うときには必ず土産を持参するのを忘れない。これはきわめて伝統的な自民党スタイルだと言ってもいいだろう。

二階の数は力なりの中に、小型田中角栄、小型金丸信《かねまるしん》という姿が浮かんでくる。まさに党人派（政党内での叩き上げの政治家。⇕官僚派）の政治家の特徴的なところだ。

二階の二つ目の特徴は、野党への影響力と人脈。これは竹下登などもそうだったのだが、典型的なのが、「はじめに」で紹介した2018年度予算の採決時だ。自民・公明の与党で衆議院の過半数を超えている。強行採決をすれば予算は通せるにもかかわらず、あえて1日採決を延期することで、二階は野党の顔を立てた。

なぜ、そういう絶妙な間合いを取れるのか。その背景には、二階がかつてはずっと小沢一郎と行動を共にして、自民党を離れて保守党に所属するなど、野党時代が長かったということがある。だから日本共産党の穀田恵二《こくたけいじ》などともパイプがあるわけだ。

野党時代が長かったがゆえに、野党との人脈の濃さというものを十分生かせるし、また、野党の顔も立てて反発を少なくするという動き方ができる。これは伝統的な自民党の党人派がやってきたこと。こういうバックボーンが二階にはあるということだ。

この間合いの妙は、誰も説明できないし、恐らく本人も説明できない。そのときの自分の勘でしかないのだろう。

リスク覚悟で流れを作る勝負勘

それから三つ目。これはリスク覚悟で流れを作れるということ。ここぞというときは腹を据えて勝負することができることだ。

例えば、二階が幹事長を留任したのは2017年8月。その後いち早く安倍の総裁3選支持を表明する。連続2期6年だった党規を改正して、3選を可能にすることを支持した。これは、じつはものすごくリスクを伴うことでもある。そのことによって党内に反発する流れができるかもしれない。そこはもう勘なのだろうが、彼はそれを承知で先手を打っているのだ。

それから、2018年4月、森友学園や加計学園問題で審議に応じない野党に、森山裕自民党国対委員長が「解散もあり得る」とゆさぶりをかけたことがあった。それに対して、二階が「幹事長の知らない解散はない」と火消し発言をした。世間では自民党の自作自演だとか、茶番劇だとか言われたが、あれはあれで二階は先陣を切っているのだ。これもものすごくリスクが伴うこと。誰かが言っていることを後追いで言うなら反発を受けないからだ。しかし、二階はそれを自らが先陣を切ってやっている。リスク覚悟なだけに感謝される度合いも強くなる。

誰に感謝されるか。自民党の党規改正にしても、解散にしても、安倍は自分で言わなくてよくなるわけだから、これは二階に感謝する、ということになる。これもみな、二階の政治家としての勘なのだ。

こういう具合に、後から流れに乗るのではなくて、自らリスク覚悟で流れを作る。この勘のよさと腹の括り方。ここが官僚派の政治家には見られない、二階が並の幹事長ではないゆえんだ。

あえて火中の栗を拾う

それから四つ目は、あえて「落ち穂拾い」をしていることだ。「火中の栗」を拾うことを厭《いと》わないのである。

二階派を構成するメンバーは玉石混淆《こんこう》、というよりも石のほうが多いだろう。寄せ集めというよりも、どこの派閥からも引き受け手がない議員、どこの派閥からも見捨てられたような人間を拾っているところがある。だから二階派の議員が起こす不祥事、問題が頻繁に週刊誌に載る。

例えば、妻の出産直前に不倫問題が発覚して議員辞職した宮崎謙介《みやざきけんすけ》や、自身の選挙区内の市議に現金を配ったことが問題になった神谷昇《かみたにのぼる》、東日本大震災をめぐり「まだ東北だったからよかった」の発言で復興大臣を事実上更迭《こうてつ》された今村雅弘《いまむらまさひろ》も二階派だ。

まさに問題児の集まりの派閥のようだが、こういう議員を引き受けることで、逆に、他の派閥に貸しを作ることにもなっている。いざというときに生きてくることがあるのだ。政治は貸し借りの面があるからだ。

「政治は弱い者のためにある」

最後の五つ目、これを私はあえて「土着的リベラリズム」と言っている。

例えば、剛腕といわれた野中広務。野中は森喜朗《もりよしろう》内閣のときに幹事長をやっているのだが、土着的リベラリズムという点では二階は野中に似ているところがある。

野中は、すべての国会議員は地方議員を経験するべきだ、というようなことを自身の著書『私は闘う』（文藝春秋）の中で書いている。それは国会議員であっても地方に住む人びとの苦しみが分からなければいけないからだということ。二階も県会議員をやっていて、国会議員になることを逡巡《しゅんじゅん》したことがあるという。結果的に国会議員になったけれど、県会議員をやっていたことで、地方に生きる人びとの気持ちも分かる、ということをよく口にしているのだ。

「政治は弱い者のためにある」ということもよく言っていた。これは野中も同じだった。そういう思いを胸の奥に秘めている政治家なのだ。そのことが大事な場面で行動になって出てきたりする。

それからもう一つ、二階は遠藤三郎《えんどうさぶろう》という静岡県選出の衆議院議員の秘書を経験している。遠藤は東京帝国大学卒業後に旧農林省に入り、政治家に転身したバリバリの官僚型政治家だった。

その遠藤の下で議員立法をずいぶん行ったということで、政策の実務の部分にも精通していく。そのためたんなる党人派的な勘だけじゃなくて、政策にも精通しているという強さが彼にはあるというわけだ。

安倍政権の巧まずしてうまい人事配置

こうして見てみると、いまの安倍総理・総裁というのは、内閣では副総理の麻生太郎、官房長官の菅義偉が足元を固め、党では高村正彦《こうむらまさひこ》（憲法改正推進本部最高顧問）に重しになってもらって憲法改正問題を進めていく。さらに、国会対策、党務全般は、幹事長の二階が担っている、という構図になっている。

その意味では、巧まずして非常にうまい人事配置になっているということが言える。誰も彼らに文句を言えない。だけれども、総理・総裁である自分にはきわめて協力的で献身的な人間ばかり。そういううまさがある人事だということだ。

参議院幹事長という知られざる重要ポスト

幹事長ということでは、もう一人、参議院のドンと呼ばれた青木幹雄《あおきみきお》という存在も抜きには語れない。青木の場合、幹事長は幹事長でも、参議院の幹事長だ。

恐らく参院幹事長としてこれほど強い権限を持っていた人はいまだかつていない。これは何によるのかというと、参議院の強さから来ている。法案は衆議院を通過しても参議院が賛成しなければ通らないからだ。

１９８９年の参議院選挙（宇野宗佑《うのそうすけ》内閣時）で社会党の土井《どい》たか子のマドンナブームもあって自民党が大敗したときもそうだし、１９９８年の参院選（橋本龍太郎《はしもとりゅうたろう》内閣時）で惨敗したときも同じ。参議院で自民党が過半数を割って、それ以降、長いこと衆議院と参議院のねじれ状態が続いて国会運営に苦労してきた。だからこそ参議院を大事にしなければいけないという思いがしみついている。参議院に存在価値はない、盲腸だなどと言う人もいるが、それは現実を分かっていない人の言うこと。後述するが、日本の参議院ほど強い第二院は、世界を見回してもあまりないのだ。

と同時に、ねじれ状態であれば、野党とうまくやっていかなければならない。そうすると当然、野党とのパイプが求められる。参議院は与党・野党にかかわらず、どの党も衆議院への対抗意識がある。その点で与野党の参議院議員の思いが一致する。

そんな参議院議員の思いをうまく集約して、権限を強めたのが青木なのだ。参院のドンと言われる力の源泉がそこにある。

参議院議員を引退したいまなお、青木のもとには、相談に訪れたり、意見を聞きにくる議員たちで門前市をなすという。

竹下・青木らが所属していた平成研究会（旧・経世会）の原点である木曜クラブ（田中派）が自民党内、そして国会内で強い力を保てていた一つの要因は、参議院を上手に使っていたということが挙げられる。そのことを熟知していたのが竹下であり、青木なのだ。

1993年、田中派を引き継いだ竹下派と袂《たもと》を分かち、政治改革を旗印に小沢一郎や羽《は》田孜《たつとむ》らが自民党を離党したことがあった。なぜ自民党を出ていったのかと言えば、本当のところは、竹下派の跡目争いで小渕恵三に敗れたからだ。竹下登を後見人とする小渕との争いに敗れたから、政治改革の旗を持って出ていった、というのが本当のところだ。

あのとき、参議院からはそれほど小沢に付いていかなかった。とくに参院の幹部レベルの人間はみな小渕に付いた。ほとんど小渕の側に付いたのだ。これは完全に竹下と青木の力だ。結局、自民党を割った小沢や羽田が立ち上げた新生党が、最終的に国会内で力を握り切れなかったのは、そういうところにも一因があったのだ。

というように考えていくと、参議院というのはじつは侮れない存在なのだ。そして、その力をうまく集約させた元参議院幹事長・青木幹雄は、やはり実力政治家の一人と言うことができるだろう。

第2章

「官房長官」という仕事

この章では歴代の内閣官房長官の類型を、代表的な政治家を例に挙げながら紹介していこう。

前章でも述べたように、官房長官には大きく分けて「実力者型」「忠臣型」「野心型」「総理への階段型」の四つのタイプがあると私は考えている。

それぞれのタイプを見ていこう。

1．「実力者型」官房長官とは？

まず、「実力者型」だが、前章でも紹介した後藤田正晴をあらためて典型タイプとして取り上げたいと思う。

後藤田は中曽根内閣発足から1年ほど官房長官を務めた後、藤波孝生に引き継ぎ、その後に再び藤波からバトンを引き継いで2年ほど務めている。つまり中曽根内閣において2

回にわたって官房長官を務めた。

中曽根内閣ができたときは、田中派支配の内閣だと言われたものだ。というのも、田中派の支援があって初めて総理・総裁になることができた上に、ロッキード事件の裁判対策で重要になる法務大臣に秦野《はたの》章《あきら》が、官房長官に後藤田が田中派から送り込まれたからだ。中曽根内閣の実態は「田中曽根内閣」「角影内閣」「直角内閣」などと激しいバッシングを受けた。

中曽根はなぜ、官房長官に後藤田を選んだのか。世間では、中曽根のお目付役として田中が求めた人事だと言われた。要するに、内閣を自分の思い通りに動かすための田中人事だということだ。そう書いている本もある。

しかし、実際はまったく違う。じつはこの人事、田中はずっと聞かされていなかった。そのため、後藤田の起用を中曽根に聞かされて、田中自身がびっくりしたくらいだ。

中曽根は総裁選以前からひそかに後藤田に打診していた。これは後に後藤田、中曽根の両者ともにそのことを証言している。

組閣前にひそかに打診されていた後藤田

中曽根内閣の前は鈴木善幸《すずきぜんこう》内閣だった。当時、中曽根は行政管理庁長官として入閣しており、後藤田は自民党の行財政調査会副会長という立場。行政改革（行革）について定期的に意見交換している関係で、あるとき、食事をしながら同じようにあれこれ意見を言い合っていたことがあった。

ただ、そのときはいきなり妙な話になった。中曽根が「後藤田さん、私は八卦《はっけ》（古代中国の占いの一種）にも興味をもっていましてねぇ（中略）。近く政局に大きな変動があると出ている」と言いだしたという。鈴木は総裁としての任期切れが迫っていた。そんな流れの中での発言だったから、後藤田はそのとき、中曽根は鈴木から直接、任期切れをもって総理・総裁を辞めることをほのめかされていたんじゃないかと感じた。

そして、本当にびっくりしたのは次のひと言だった。「仮に私が内閣をつくるとすれば、行革が最優先課題になります。その際は官僚の抑え役として私を補佐してほしい」と言ったというのである。官房長官をやってほしいということだ。それは鈴木が退陣表明するよりも前だったという。

そして、実際に鈴木善幸が退陣表明をして、自民党は総裁選に突入していく。総裁選挙期間中もずっと、後藤田は中曽根から官房長官をやってくれと言われていたという。中曽根内閣は田中角栄による〝角さん人事〟だなどと評されたが、少なくとも田中は鈴木が退陣の決意を固めていることも、それを見越して中曽根が後藤田に官房長官を打診していることもいっさい知らなかったのだ。

後藤田は、中曽根からの誘いを、その都度、断っていた。官房長官というのは、自分の派閥から出すべきだ、というより、同じ派閥から出さなければならんよ、と言い返していたようだ。

総裁選を経て中曽根が総理大臣に選ばれる。中曽根が総理大臣になることは、田中派の支援なしにはあり得なかったことは前述した。田中がロッキード事件の裁判で無罪を勝ち取り、やがて総理大臣に返り咲くシナリオを実現するためには、自分がコントロールできる弱い内閣、つまり弱小派閥の領袖《りょうしゅう》である中曽根がふさわしいと考えたからだ。しかし、この官房長官人事に関してだけは、田中の容喙《ようかい》はまったくなかった。

では、なぜ中曽根は他派閥の後藤田を官房長官に選んだのか。政治家としてのキャリアは後藤田より長いが、中曽根にとって後藤田は内務省（主に地方行財政と警察などを所管した中央官庁の中心的な存在の役所。１９４７年に廃止された）時代の先輩でもある。

にもかかわらず後藤田を選んだのは、官僚のお目付役、官僚に睨みが利く人物であるからだ。このことは、中曽根の側近で、選挙の神様といわれた政治評論家の飯島清《いいじまきよし》も証言している。

そして、もう一つの理由が、田中の「風よけ」としての存在ということがある。田中からの圧力を抑えるためにあえて後藤田を官房長官に選んだということだ。それだけ田中からの風圧が強かったということなのだが、いずれにしても、中曽根は後藤田を起用する積極的な理由があったということである。

このことは『天地有情』（文藝春秋）という中曽根の回顧録の中にも書かれている。曰《いわ》く、行革が重要課題だ。だから、自分が組閣したら内務省の先輩である後藤田を起用することによって官僚を抑える。それから田中の弾よけ、風よけでもあることも否定していない。そんなきわめて明確な目的意識を持って、後藤田を官房長官に据えたのだ。

実力者型官房長官の面目躍如

その人選が、現実の政治の中で功を奏することになる。

一つには、危機管理対応においてだ。1983年9月に大韓航空機の墜落事件が起こる。

ニューヨーク発アンカレッジ経由ソウル行きの大韓航空機が行方不明になって、目下捜索中という第一報が入る。当時のソ連によって撃墜されていたわけだが、このときに一番早く情報をつかんでいたのは、じつは日本だった。

午後4時過ぎに後藤田官房長官が記者会見して、撃墜の可能性を示し、午後8時頃には安倍晋太郎《しんたろう》外務大臣が撃墜されたのはほぼ確実だとの見解を表明。そして、午後11時45分にアメリカのシュルツ国務長官がワシントンで記者会見をして、大韓航空機はソ連のミサイルによって撃墜されたと発表するのだ。

当然、ソ連側は否認する。いったい何を根拠にしているのだ、と。

ソ連が撃墜した一番確実な証拠を持っていたのが日本だった。その証拠を、日本は当時の国際情勢、アメリカとの関係もかんがみて、あえて公表することを決断する。官房長官の後藤田は、傍受した交信記録テープを国連安全保障理事会に提出すると発表した。これは日本の安全保障、防衛機密に関わることでもあり、じつはかなり勇気のいる決断でもあった。

このような断固とした対応が取れたのは、やはり後藤田がそのキャリアの中で内務官僚、警察庁長官を経験し、浅間山荘事件を指揮するなど、官僚コントロールに長け、危機管理のプロフェッショナルだったからだ。後藤田と中曽根のコンビだからできた決断なのだ。

前章で紹介した伊豆大島・三原山噴火にあたっての全島民避難のときも同じ。これは中曽根が期待した官僚の抑えが利く人選が功を奏したということだ。このことを見ても、後藤田を官房長官に選んだのは人物本位の人事だったことが分かる。

あえて総理大臣に意見をする

そういう決断に対して、後藤田も中曽根を非常に高く評価しているのだが、一方で、違うことは違うと、中曽根に意見もしているところが、後藤田が並の官房長官ではないところだ。

中曽根への諫言《かんげん》で後藤田らしさを発揮するのが、掃海艇《そうかいてい》派遣問題だ。

掃海艇派遣問題とは、1987年当時、イラン・イラク戦争が続いていて、イラン・イラクともペルシャ湾のあちこちに機雷を敷設していた。ペルシャ湾というのは、石油タンカーの重要な航路でもある。そこを通る船が機雷にやられる事件が多発していた。

そのため87年9月にニューヨークで開かれた日米首脳会談で、当時のアメリカ大統領ロナルド・レーガンの要請に対して中曽根が、日本としてもペルシャ湾の安全航行に何らかの貢献をすると応じた。そして帰国後、後藤田に対してペルシャ湾に海上自衛隊の掃海艇を派遣することを打診した。

　当時の外務省の外務審議官・栗山尚一《くりやまたかかず》も、外務省として派遣すべきだと主張した。そのときのことを、後藤田が次のように書き残している。

「機雷で第三国の船舶が触雷するという事件が頻発している。9月21日に日米の首脳会談がニューヨークで行われて、どうもそのときにアメリカから派遣要請をされたのではないか。外務審議官の栗山尚一君も私のところに来て、かなり強硬になんとしてでも自衛艦を出したい、と言ってきた。しかし私は、それは駄目だということで拒否をしたわけです。そのときに私が外務省に申し上げたのは、『どうしてもやりたいというならやってみろ、必ず俺が止めるから』と、そこまできつく言ったんです。

　中曽根さんからのお話があったとき、私が言ったのは、ペルシャ湾はすでに交戦海域じゃありませんか、その海域へ日本が武装した艦艇を派遣して、タンカー護衛と称してわれわれの方は正当防衛だと言っても、戦闘行為が始まったときには、こちらが自衛権と言ってみても、相手にすればそれは戦争行為に日本が入ったと理解しますよ」と。

　これは聞き書きによる後藤田の回顧録『情と理』（講談社）という本の中にある。自衛と言ったって、それは通らないですよ、ということだ。

そして「これは戦争になりますよ、国民にその覚悟ができていますか、できていないじゃありませんか、憲法上はもちろん駄目ですよ」「私は賛成できません、おやめになったらどうですか」という具合に強く言った。最後は、何と言ったかというと、「日本の武装艦艇を戦闘海域のペルシャ湾まで出すことの重大な決定ですから、当然閣議にかけますな」と言ったところ、中曽根は、それはもちろん閣議にかけます、と言う。「それでは私はサインはいたしませんから、と言った」――こういう態度を取ったという。

なぜ後藤田はそこまで強行に言ったのかというと、国民全体がそこまで覚悟ができていない。いざ戦いになったら、それは憲法の問題でもあるが、日本という国の根幹部分に関わってくるという思いが頭の中にあったからだというのだ。ここで、軽々にアメリカが言うからといってやるべき筋合いの問題ではない。こうきっぱり言ったという。ここまで腹をくって諫言できる官房長官はまずいない。

後藤田は自分のポストを賭して、掃海艇派遣を止めたのだ。このことに関しては賛否両論いろいろ意見があるだろうが、官房長官というのは、総理大臣の意に沿ってその実現のために献身的に仕える一方で、もしそれが違う道だと思ったら、断固として体を張ってでも阻止することがある、ということを示したのだ。

後藤田は内務省、警察官僚、警察庁長官というキャリアもあって、タカ派と見られがちなのだが、しかし、日本の防衛力強化や自衛隊の海外派遣といった問題に対しては非常に慎重なところがあったのだ。

後藤田五訓

後藤田はこのように筋を通すタイプだったから、多くの後輩・部下たちが後藤田を慕っている。佐々淳行や当時の内閣官房内閣内政審議室長だった的場《まとば》順三《じゅんぞう》などだ。彼らが肝に銘じている「後藤田五訓」と呼ばれるものがある。後藤田五訓というのは、

一、出身がどの省庁であれ、省益を忘れ、国益を想え
二、悪い本当の事実を報告せよ
三、勇気を以って意見具申せよ
四、自分の仕事でないと言うなかれ
五、決定が下ったら従い、命令は実行せよ

の五つだ。

これに関連して、財務省の事務次官、日銀副総裁を歴任し、現在は東京オリンピック・パラリンピック競技大会組織委員会の事務総長をしている武藤敏郎《むとうとしろう》が口癖にしていたことがある。部下に対して、違うと思ったら3回までは違うと言え、異論を言え、と。だが、それ以上は言うな。つまり4回以上は繰り返すなということだ。大臣などがそれでも異論を聞き入れないというからには、それは政治的な理由があるということだ。だから4回目以降は従う。しかし、3回までは言わなければいけないのだ、と。

いま、それを実践している官僚がはたしてどれくらいいるだろうか。例えば、文部科学事務次官を務めた前川喜平《まえかわきへい》にしても、官僚時代には異論を言わないで、文科省を辞めてから「行政がねじ曲げられた」などと文句を言っている。財務省の森友学園問題での忖度と言われるものも、3回ちゃんと直言して、駄目だったらそれに従うというかたちではなくて、最初から忖度してしまっている。これは、後藤田五訓の精神からは対極にある姿勢だ。

この視点で昨今の官僚がらみの問題を見てみると、この後藤田五訓は、むしろ現在の役人にこそ問われるべきもののように思われる。

これらのエピソードを振り返って見てみても、後藤田はやはり戦後の官房長官の中でも、最も優れた官房長官の一人だったと思う。

ナンバー2として「やってはいけないこと」

その一方で、官房長官として非常に反省していることがある、とも後藤田は振り返っている。

後藤田は総理に対してきっちりものが言える官房長官だったのだが、そのことに関して、自民党幹事長を務めたこともある田中六助《たなかろくすけ》に諫《いさ》められたことがあるというのだ。

あるとき、田中六助がいる前で、総理に「それは違います」と意見したことがあったという。その後、田中六助が「ちょっと官房長官、あなたの部屋へ行きますね」と言って、やって来た。そして、「後藤田さん、あなたは他の人がいるときに平気で総理に向かって、それを言ってはいけないなどとやっつけるだろう。あれはよせ。二人だけならいいが」とたしなめたという。

そう言われて、後藤田は「ああ、いいことを聞いた」と反省したと自著の中で打ち明けている。諫言するにしても、それ以来、人がいるところではしないようにしたというのだ。

低支持率だった小渕政権を支えた官房長官の手腕

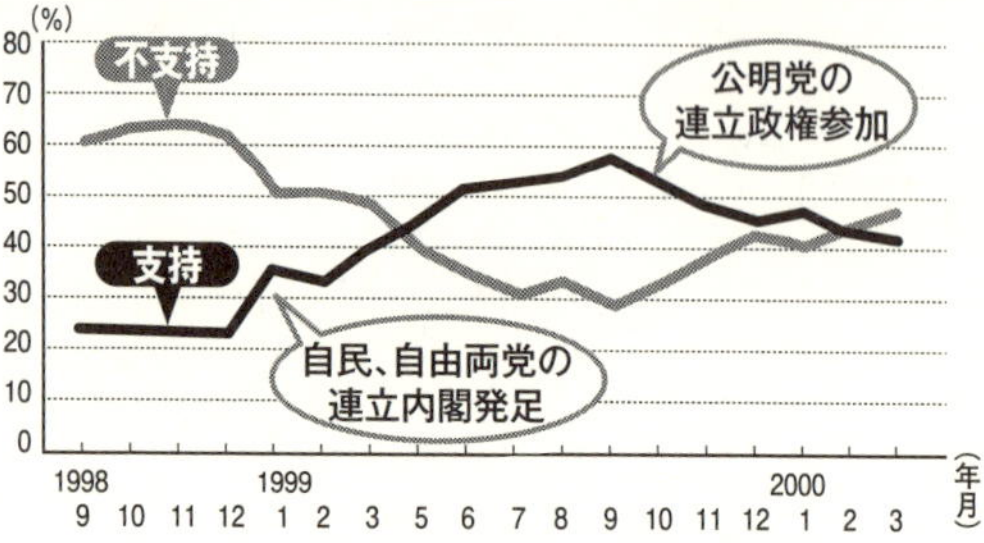

剛腕・野中広務と青木幹雄

後藤田以外の「実力者型」官房長官には、昔の政治家では、竹下登が回顧録の中で挙げている緒方竹虎（吉田茂内閣）、保利茂（佐藤栄作内閣）が入るだろう。最近の政治家では、野中広務がこのタイプに入る。

野中は１９９８年の小渕内閣発足時に官房長官を務めた。小渕内閣は発足当初から低支持率だった上に、参議院で自民党が過半数を割っていた。参議院で過半数を握る野党が反対すれば法案が何も通らない。そんな中で、日本債券信用銀行や長期信用銀行がいつ破綻するかという金融危機的状況を呈し、不安定この上ない政権運営を余儀なくされた。

そこで野中は「悪魔」とまで呼んだ不倶戴天の敵・小沢一郎率いる自由党との連立に踏み切った話は「はじめに」で紹介した。

さらに、小沢自由党との連立だけを企図していただけでなく、その先に公明党をも巻き込んだ自自公という大連立を視野に入れて、小渕政権の安定を図るとともに、小沢の影響力を相対的に小さくするという、かなり手の込んだ戦略を描いて、それを実現に導いた。まさに「実力型」幹事長の面目躍如《めんもくやくじょ》である。

野中が務めた後は、青木幹雄が官房長官を引き継ぐことになるのだが、安定度の低い脆弱な政権であればあるほど、官房長官の手腕というものが逆に大事になってくる、ということの象徴的な例だろう。

後藤田は官僚に睨みを利かせ、数々の危機対応を見事にやってのけた。一方で田中の風圧からの風よけの役割も果たした。野中はきわめて基盤の弱い小渕政権を、名を捨てて実を取るかたちで野党を抱えることによって、見事に安定飛行へと導いた。その意味で、総理に仕える官房長官として、仕事のスタイルは違えど、両者とも実力者型官房長官ならではの仕事ぶりだったと言えるだろう。

2.「忠臣型」官房長官とは?

官房長官の二つ目のタイプは「忠臣型」だ。

この代表として、藤波孝生がまず挙げられる。ほかに竹下登や小渕恵三もこのタイプに入るだろう。

藤波孝生は中曽根内閣の後藤田官房長官の下で官房副長官をやり、その後に官房長官に昇格、中曽根内閣最後の2年間は国対委員長の要職を務めた。

藤波は、中曽根の意を実現するために粉骨砕身《ふんこつさいしん》して働く、まさに忠臣型の政治家である。俳人としても有名で、「控えめに　生くる幸せ　根深汁《ねぶかじる》」といった名句も数多く残している。生涯、謙虚の政治というスタンスを貫き、徹底的に裏方に徹することを旨とした。低姿勢は正姿勢。低い姿勢は正しい姿勢なのだ、と。

また、大平正芳の口癖であった「政治とは鎮魂である」、つまり人びとの魂を鎮めるためにあるのが政治だ、ということをずっと自らの政治信条としてきた。中曽根派の藤波としては、派閥は違えども大平はずっと尊敬する政治家であった。

そのため、１９８０年６月の衆参同日選挙期間中に大平が急逝した際には、こんなエピソードが残っている。

当時、藤波は大平内閣の労働大臣をやっていて、茨城県に遊説に向かっていた。ちょうど夜行列車で水戸駅に差し掛かった明け方に、車掌さんに車内放送で「労働大臣、いらしたら窓を開けて顔を出していただけますか」と声をかけられる。顔を出すと、「大平総理がお亡くなりになりました」と聞かされたという。

弔い選挙を合言葉にまとまった自民党は衆参同日選で大勝するのだが、尊敬する政治家を失った傷心の藤波は放浪の旅に出る。夫人の邦江さんは夫が自殺するんじゃないかと心配で、ずっと一緒に付いていった。

そして、オホーツクまでたどり着いて、海岸を歩きながら、もう自分は政治家を辞めようと思っていたところ、ある海岸でたき火をたいて盆踊りをしている光景に遭遇した。そのときに藤波は一句浮かぶ。「オホーツク　海を背負って　盆踊り」。この最果ての地で、海を背負って盆踊りをして健気《けなげ》に生きている人びとがいる。自分も生きなきゃいけないと思い直し、あらためて政治家を続けることを決意した。そんなエピソードが残っている、いまでは珍しい政治家なのだ。

忠臣型を地で行くようなタイプだから、中曽根のように、青年時代、マッカーサーによって日本が占領されているときは喪に服して黒ネクタイで通すような、向こうを張る男の下にあって、その陰でずっと下から支える存在であったのだ。

藤波孝生に見る巧みなバランス感覚

官房長官・藤波のらしさが発揮されたことの一つに、「閣僚の靖国神社参拝問題に関する懇談会」、通称「靖国懇」が挙げられる。

この懇談会において、「政教分離原則に抵触しない何らかの公式参拝の方法があるのではないか。靖国神社については国民の多くが、戦没者追悼の中心的施設と考えているので、政府としてはこの際、そういう多くの人の感情、遺族の心情をくんで、憲法の趣旨に反しないで公式参拝を実施する方法を検討すべきである」という結論を出して、靖国神社の公式参拝に踏み切ることになる。

しかし、中国などの反対もあって、結局、すぐに取り止めになるのだが、藤波らしさが発揮されたのが懇談会の人選だ。林敬三《はやしけいぞう》というかつての内務官僚で、日本赤十字社の社長を務めた人物を座長にして、左右の憲法学者や哲学者の梅原猛《うめはらたけし》などを入れて、賛成派・慎重派どちらにも偏らない懇談会にした。それぞれのメンバーに、藤波は直接、頼みに行っている。こうしたバランスを取っているため、報告書において異論も入れている。

そうすると、各方面からの反論が出にくくなる。こういうところが、じつに藤波らしいところだ。総理大臣の中曽根自体はどうしても右翼的に見られていた。藤波はそれを中和する役割も果たしていた。官房長官には、そういう役割もあるのだ。

あえて緩衝役を引き受ける

もう一つ、藤波の特徴は、実力者と首相の間に入るというか、あえて緩衝役《かんしょうやく》を引き受けていた。前にも述べたように、当時、田中角栄が圧倒的に力を持っていた。田中派のメンバーがみな反対する中曽根を、田中角栄が強引に押し通して総理大臣にした。前述したように一番弱い内閣を作って、全部自分の思い通りにするためだった。

そんな内閣のスタートだったため、82年11月の発足直後から、田中は中曽根に無理難題を押しつけてくる。すぐ解散総選挙をやれ、と要求する。自分のロッキード事件の判決が出る前に選挙をやって当選すれば、当時の田中は選挙区で圧倒的な支持者を持っていて当選は揺るぎなかったので、禊《みそ》ぎになる。だから、解散を無理強いしようとした。

しかし、ロッキード事件の逆風の中で選挙をやれば、田中はともかく、自民党は必ず負ける。ロッキード隠しと言われるのは間違いないからだ。そして中曽根は責任をとって辞めざるを得なくなる。

その田中からの選挙圧力はすさまじかったようで、その防波堤ともいうべきポジションに立ったのが藤波だった。田中にボコボコに打ち込まれながら、藤波はそれを真っ正面から受けて立つ役目を担ったのだ。

そんな選挙圧力を受けつつも、中曽根は結局、ロッキード判決後に総選挙をやるのだが、案の定、自民党は敗れる。その際、中曽根は田中に議員を辞めるようにとしたためた手紙を、田中の秘書で「越山会（田中の後援会）の女王」と呼ばれた佐藤昭子《さとうあきこ》に託すのだが、結局、田中本人の手には渡らなかったという話は有名だ。

政治とは「人びとの魂を鎮めること」

そういう具合に中曽根と田中角栄の確執を、中曽根の使者として、官房長官として間に入って受け止められるという意味では、現在の官房長官・菅義偉に近い部分もある。しかし、本質的なところでは大きく異なる。藤波は権力を行使することにおいて、非常に抑制的だった。

だからこそ、若き日の森喜朗、加藤紘一《かとうこういち》、渡部恒三《わたなべこうぞう》、野田毅《のだたけし》、羽田孜らが集まる政策グループ「新生クラブ」のリーダーになっているし、中曽根派のホープとして次代の総理大臣候補と目されていた。リクルート事件に連座し、政治家人生は一瞬にして暗転することになるが、自らの官房長官時代に起きた問題だったということで言い訳をせず、地元の有権者を一日２００〜５００軒、一つひとつ訪ね歩いて「お詫び行脚」をするなど、藤波らしい身の処し方をした。

藤波は俳人だったこともあり、文人政治家という修飾語が付くことが多かったが、その思想と行動に、いまの政治家に失われたものを私は見る。

政治とは、究極のところ、権力の争奪戦である。どんな理想を掲げようが実現されなければ意味がない。政策を実現するためにも、権力奪取こそが何よりも優先されなければならない――。一方の極に、こうした権力至上主義とも言える政治へのスタンスが存在する。

この典型が小沢一郎だろう。

その一方で、政治とは人びとの魂を鎮めること。権力の行使はできるだけ抑制的に行うべきである。人びとの考えは決して一様ではない。さまざまな人の多様な思いを、つつましい気持ちで実現すべきではないのか、という政治への向き合い方もある。

含羞《がんしゅう》の政治家・藤波孝生が後者だったことは確かだが、恐らくどちらが正しいかという問題ではないだろう。どちらに重点を置くかは、その政治家の生きざまの問題であり、多くの政治家はその中間に己の位置を定めているに違いない。

3.「野心型」官房長官とは？

三つ目の「野心型」の官房長官の代表としては、日本新党ブームを巻き起こした細川護熙《ほそかわもりひろ》内閣の武村正義《たけむらまさよし》が挙げられる。

総理大臣と官房長官の組み合わせはいろいろあったが、恐らくこれほど相互不信の関係にあったケースもないと思われる。かなり珍しいパターンだった。

先に挙げた忠臣型の官房長官ではそんなことはあり得ないし、後藤田や野中、青木といった実力者型の官房長官であっても、みんな総理大臣より年は上ではあるけれども、そこは総理に対するある種の敬意があった。

ところが、細川と武村の関係はまれに見る相互不信状態で、当時、新党さきがけの代表代行で、内閣総理大臣特別補佐をやっていた田中秀征《たなかしゅうせい》も後にこう語っている。「言いにくいことですが、細川さんと武村さんの信頼関係は最初から最後までいまいちでした」と。

なぜ、総理大臣・官房長官がいまいちの関係だったのか。

私が推測するに、理由は三つあった。

細川内閣というのは、ご存じのように8党会派、つまり7つの党と1会派による連立内閣（日本社会党、公明党、新生党、日本新党、民社党、新党さきがけ、民主改革連合、社会民主連合と無所属）だった。共産党以外の非自民で結集した寄せ集めの内閣だった。連立内閣ができあがるとなったとき、誰もが総理大臣は新生党党首の羽田孜がなると思っていた。ところが、あえて細川を選んだ。これにはみんな唖然《あぜん》というか、びっくりさせられた。なぜ細川なんだ、と。

しかし、細川を選んだのには合理的な理由があった。それは8党会派の中で、細川率いる日本新党というのはちょうど中間に位置していた。所属する国会議員の数の多さからいえば、社会党のほうが圧倒的に多かった（146人）。日本新党の国会議員は8党会派の中で真ん中くらい（42人）。考え方も一番左の社会党から一番右の新生党の真ん中くらい。だからちょうどまとめやすい位置にいたのだ。

しかも、細川は肥後熊本藩主だった肥後細川家の十八代当主という殿様家系。日本人が殿様に弱いこともあって、中心に据え置くにはちょうどよかったのだ。日本新党ブームで国民人気も高かった。

しかし、厄介だったのは、細川は日本新党の党首、官房長官の武村は新党さきがけの党首。みんな同格という意識があったことだ。そのことは武村自身も言っている。「自分はさきがけの党首だから、さきがけの党員に対して責任がある」。その同格意識がしばしばマイナスに働いた。

強い権力志向がアダとなる

総理大臣と官房長官が相互不信の関係だった二つ目の理由は、小沢一郎の存在である。細川はもともと小沢という人間を必ずしも好きではなかった。政権発足前まではむしろ武村との関係のほうが密だった。だから官房長官に選んでいるのだが、政権が発足すると政権内での影響力の強さから、細川はだんだん小沢のほうに近づいていくようになる。小沢に近づいていく分、逆に、武村とは離れていく構図になる。

もともと武村と小沢は政権内で仲が良くなかった。武村自身が小沢のことを「小沢さんという人には違和感を持っていました」と言っているほどだ。それは連立内閣ができてからずっと変わらなかった。だから、『聞き書 武村正義回顧録』（岩波書店）の中で、細川が小沢の側に行くのは、小沢による、さきがけと日本新党を分断させるためのものだったと回顧している。陰謀とまでは言わないまでも、そういう見方を武村側はずっとしていた。それが総理大臣と官房長官の関係を非常にいびつなものにしていた。

それから三つ目は、武村自身のある種の権力志向である。細川を総理として担ぐときも、武村は自分自身がやりたかった、という思いがあったようだ。このことは先の回顧録では否定しているのだが、さきがけの幹部の証言では、本当は武村自身が総理になりたかったんだと言っている。そのくらい武村はきわめて権力志向の強い人だった。

この三つが、総理大臣と官房長官の関係を相互不信というか、しっくりいかない関係にしたと、私は見ている。

総理大臣と官房長官が不仲な内閣の悲劇

細川の著書に『内訟録《ないしょうろく》』（日本経済新聞出版社）という本がある。中身は日記で、いわば総理大臣日記。「内訟」とは『論語』の巻第三、公冶長《こうやちょう》というところにある「吾未だ能《よ》くその過ちを見て、内に自ら訟《せ》むる者を見ざるなり」という言葉から来ている。

どういう意味かというと、自訟というのは自己訴訟、つまり内訟のことで、自分の過ちを認めて、自分で自分を責めることができるような人物をいまだ見たことがない、と孔子が嘆息した。それができなければ、人様のことなどとやかく言えたものではないだろう、という意味で、総理大臣だったときの自分を責めて、この日記を公にするという思いを伝えたかったようだ。

簡単に言うと反省録ということなのだが、細川はもっと深いと言っている。たんなる反省じゃないということだ。

私自身がこの本を読んで感じたのは、政治記者として当時抱いた細川護煕総理大臣像の変更を求められたこと。細川内閣の実権を持ち政策決定していたのは、首相でなく小沢一郎で、要するに権力の二重構造だなどとよく言われていた。背後にいて小沢が内閣を操っている、と。

しかし実際は、コメ市場の部分開放など、重要な意思決定は首相自らが下していた。リーダーというのは何がやれるかではなく、何をやるべきかを考えなければいけない、と考えていたこと。そして、常に引き際を考えていた、ということだ。

『内訟録』の中で何度も武村は登場してくるのだが、武村自身がこの本を読んで、こういうことを言っている。「細川内閣が誕生する前の約一年近い、細川さんと私の濃密な人間関係・政治関係が、この『内訟録』では全然語られていない。この『内訟録』を読むと、私のことが最初から最後まで出てくるけれど、一貫して細川さんにはあまりよく思われていなかったんだな、ということを認識させられました」。そして、「細川さんの日記の部分にも、『それは違う』と言いたいところがたくさんありますが、いろいろな人を登場して語らせていますね。特に成田憲彦《なりたのりひこ》さん（著者注・当時の内閣総理大臣首席秘書官）は、私に批判的であり、対抗的であり、いつも小沢さんを庇《かば》う立場でしゃべっている。なんで秘書官がこういう格好で『内訟録』にたびたび登場するのかと思うほどです」と書いている。かなり赤裸々で批判的な告白だ。

それは発足当初から芽生えていた

実際に、『内訟録』を読むと、のっけから武村批判が展開される。まず、官房長官を武村にするというのを新聞にリークした人間がいる。当然、翌日の新聞で報道された。これを、細川も小沢も、武村自身がリークしたと思っていた。武村自身は自分が漏らしたとは言わなくて、さきがけの幹部が漏らしたのだろうと言っている。本人はそう言っているものの、実際には武村が間違いなく漏らしたのだ。

これについて、この当時、新党さきがけ代表代行だった田中秀征も、こう証言している。「武村さんが官房長官就任打診の情報をマスコミにリークした際には細川さんはその影響を考え、『一体あれはなんだ』とすごい勢いで私に抗議してきました。『こんなことでは持ちこたえられない』と。一方、武村さんからすれば、しゃべって公にした方が後戻りできなくなるのでいい。（既成事実化しないと）小沢さんにひっくり返されるとの危機感があったからだと思います」と言っている。

このエピソード一つ取っても、やはり武村自身が強い権力志向を持っていたと言えるだろう。『内訟録』で細川は「一部の新聞に報じられたため、小沢氏不快感を隠さず。ただでさえ、武村氏起用に反発強きところに、誠に心外なこととなり」と書っているのだ。

さらにその先の日記の中で、荻生徂徠《おぎゅうそらい》の言葉を挙げて、「人を用うるの道はその長所をとりて短所はかまわぬことなり。長所に短所はつきてならぬもの故、短所は知るに及ばず。ただよく長所を用うれば天下に棄物なし」と書いている。

このように所々で教養をちりばめてくるところがあるのが細川の本の特徴だが、司馬光はまたこう言っていると続ける。「疑えばすなわち任ずるなかれ、任ずればすなわち疑うなかれ」。つまり、武村の短所ばかりを見てはいけない。いいところを見なければいけない、と。疑うとキリがなくなる。そういうふうに疑っているときには相手を起用しないようにして、しかし、実際に起用したのなら、後は疑うことをしてはならない、と自分に言い聞かせているのだ。内閣の発足当初からこれなのだから、うまくいくはずがない。

政治改革法案をめぐる政治ゲームの末路

また、『内訟録』での政治改革法案に関するくだりがある。この政治改革法案の協議に小沢はずっと出てこず、最終段階になってようやく、政府与党の代表者の協議に出てきたという。それも、それまでの協議について疑義ありということでの出席だった。

そして、小沢の指示によって、首席秘書官の成田が幹部みんなに招集の連絡をする。ただ、この重要法案の協議の席に、官房長官の武村を呼ぶことにはなぜか思い至らなかった、というのだ。

官房長官を呼ばなかったのは自分の落ち度だったと成田は言うのだが、細川は、いや、私は呼びましたよ。電話したんだけれども、結果的に来なかったというのだ。日記にも「この会議に武村官房長官欠席。武村長官には事前に、出欠は長官の判断次第と連絡しあるも、自民との妥協路線をとる長官は、所用との理由で欠席。協議が終えてから、官房長官来室」と記されている。

細川自身が官房長官に電話して、これから小沢さんが来るけども、あなたが来るか来ないかはあなたの自由にしてくださいと言ったところ、結局、来なかったという。

それで、成田は、さすが総理はそこまで考えているのかと感心したという。ちゃんと誘いはしつつ、来るか来ないかは相手に委ねる。で、実際、「聞いた話では、小沢さんたちが総理執務室に入っている間、官房長官の秘書官が何回も来たそうです。小沢さんが来たら自分（武村）はそこに出ない、秘書官に様子を見させて小沢さんが帰ってから行った方がいい、と。そういう判断をする政治もすごい」と。要するに、武村は小沢と一緒にいたくなかったというわけだ。政治改革という重要法案をめぐって、与党内でそんな政治ゲームをやってどうするのかという話だろう。

短命内閣ならではの特徴

細川内閣は発足からわずか8カ月余りで、佐川急便からの1億円の借入問題で退陣することになる。このことについても『内訟録』には成田の言葉としてこうある。

「(この1億円の借入問題については)佐川本社に行き、当時の経理担当者に話を聞きましたが、『返してもらっています』と言われました。ただ利息は政治献金にしていた」。この部分は総理の答弁とちょっと違うのだが、ちゃんと領収証のコピーも出ていて、会計簿にも利息分は佐川からの献金として入金されている。

そのため、首相秘書官である成田は細川に進言したという。政治倫理審査会できちんと説明すれば理解されるはずだ、と。そのとき「(細川)総理は乗り気でしたが、小沢さんが、総理はそんなところに行くものではないと言って実現しませんでした」というのだ。

そもそも、国会が止まるようなレベルの問題ではなくて、連立を組む社会党委員長の村山富市も審議に入ればいいと言っていたという。官房長官の武村には成田が動いてくださいと頼みに行ったら、「そうだな」とは言ったものの、結局まったく動いてくれなかったと書かれている。

これらのエピソードは、細川・武村双方の著書をつき合わせながら見なければ偏った見方になる恐れがあるが、確実に言えるのは、総理大臣と官房長官の相互不信が内閣発足当時から最後まで続いていたということだ。これは前述したようにお互いがそれぞれの党を背負う党首同士だったことが大きかったようで、武村の回顧録の中にこういう言葉がある。

「私の反省すべきことも確かにありました。ただ、私は絶えずさきがけを背負っている気持ちがありましたから、単純に小沢さんたちが求めていたように、総理の使い走りというか女房役に徹していればすむというわけではない。かなり自立していたし、私の一挙手一投足をさきがけの同志がどう思ってくれるか、彼らがどう考えるかということをいつも頭に置いていていました」。それが総理大臣の細川さんからすると、「官房長官のくせになんだと言われるようなことがあったのだと思いますが」となるわけだ。このくだりを読むだけでも、この内閣はうまくいくはずがないと誰もが感じるだろう。

政治改革が先か、予算編成が先か

『聞き書　武村正義回顧録』は、嘆きの回顧録という印象がとても強い。嘆きと弁解。それを象徴するのが国民福祉税の問題だ。このとき、武村は完全に外されていた。官房長官にもかかわらず、まったく知らされていなかったのだ。

国民福祉税構想が発表される前年、1996年12月のことだ。連立与党内で翌年度の予算を年内にきちんと編成するか、それとも予算編成は後にして、まずは政治改革法案を通してからにするかで、与党内で意見が分かれていた。

小沢は政治改革法案を優先するというスタンスだった。一方、武村は、政治改革とは切り離して、予算は予算で年内に編成しようと主張していた。武村に言わせると、最初は細川も武村の考えに同意していたという。

ただ、その年、細川はアメリカとの間で内需拡大のための減税の約束をしていた。そのため、どうしても減税をやらなければいけない。だが、当時の大蔵省としては、予算編成をするのに減税だけを先に進められてしまうと、歳入が足りなくなる。増税法案を通さないで減税だけで食い逃げされないために増減税一体でやりたいと考えていた。

そんな流れの中で、国民福祉税構想が突如として出てくる。政治改革法案を通せば、増税法案をセットでやれるということで、大蔵省は小沢に乗っかったのだ。

ところが、そのことを武村はまったく聞かされていなかった。

武村の回顧録をもとに、時系列で流れを追っておこう。

小沢一郎の策略にはまる？

12月16日、小沢が突然、首相公邸にやってきたという。

このときまだ、武村は依然として、予算をまず年内に先に編成してからということを主張していた。そんな武村のことを小沢はカンカンになって怒っていた。そして、突然、総理公邸に来て、公邸の玄関のガラスのドアを開けて総理を呼びつけて、玄関にも上がらず立ったままで、「武村官房長官のクビを切れ。そうでなければもう内閣には協力できん」と宣言して、バタン！　とドアを閉めて帰ったというのだ。

びっくりした細川は、武村や新党さきがけの代表幹事だった園田博之《そのだひろゆき》に、すぐ来てくれと連絡をした。二人が公邸に着くなり、「いや、いま小沢さんが来て、怒鳴り込んで帰りました」と言う。そのとき細川が「小沢さんというのは小さな人ですね」と言ったのを覚えている、と。そして、その後の10日間ほど、小沢は音信不通になる。

武村は小沢のこういった言動を冷静に批判的に見ていた。官邸に呼ばれて細川からその話を聞いて、その後、小沢と会って話をしようにも、雲隠れして現れない。「あの人の十八番《おはこ》ですね」と嘆いている。

官邸のドアをバタンと閉めて帰ったのが12月16日。その後、同じ新生党の羽田や渡部恒三、奥田敬和《おくだけいわ》らが一生懸命小沢を捜したが、一向につかまらない。一番の実力者である小沢が了承しない状態ではとても予算は編成できないとなって、細川も「もうしょうがない、じゃあ予算は越年にしよう」と、小沢の意向に従う方針を出した。

そして、10日後の12月26日。

細川が喜んで武村に電話してきた、という。「『武村さん、やっと小沢さんがつかまりまして、今日何時に公邸で会います』ということでした」。そこで、26日に細川は小沢と会った。しかし、『内訟録』にはただ1行「小沢氏来訪。遅れて市川氏」とあるだけ。市川氏とは「一一ライン」と呼ばれ、小沢とのパイプが太かった公明党書記長・市川雄一《いちかわゆういち》のことで、二人の間で何が話し合われたのかは一切書かれていない。武村の回顧録では「ものすごく大事な局面だったと僕は思うんですが、細川さんは全然語っていません」。

どうも、政治改革法案が通ったら内閣を改造して、武村を更迭すること、年が明けたら与党は会派を統一して一本化し、その後、党も一つにするということが話し合われたらしいと、武村は語っている。このときに、細川、小沢が仲直りをする。武村らはそれを聞かされていない、というようなことを書いているのだ。

結果的に、この日のことがきっかけとなって、翌年の社会党、新党さきがけの連立与党離脱騒動につながっていく。武村としては、「小沢さんたちが（日本新党と、さきがけ・社会党との間に）亀裂を入れることに成功したと言うべきかもしれません。細川さんがそれに乗ったということですね」という見方を披露している。

こうやって振り返ると、連立内閣の難しさが見えてくる。官房長官は少なくとも、連立であっても自分の最も信頼できる人を据えるべきだということを痛感させられるのである。

細川内閣については、細川の総理起用は斬新だったが、官房長官の人選は間違えたために、わずか8カ月という短命内閣に終わったということが言えるかもしれない。

4.「総理への階段型」官房長官とは?

官房長官の四つ目のタイプは「総理への階段型」だ。

その代表が宮沢喜一《みやざわきいち》だろう。

1980年6月、衆参同日選期間中に総理大臣の大平が急死して、次の総理を誰にするかとなったとき、大平が無念の死に方をしたのだから、同じ派閥(宏池会)から出すのが自然だという考え方が主流だった。その中で最も有力視されていたのは、宮沢喜一だった。

ただ、宮沢は派閥の領袖であった大平とはあまりそりが合ってはいなかった。大平と宮沢は池田勇人《いけだはやと》大蔵大臣(吉田茂内閣)の秘書官同士で、宮沢はかなり若いときから政治経験豊富だし、知性はあるが、大平はあまり可愛く思っていなかった。

宮沢を一番評価したのは、他派閥の佐藤栄作や福田赳夫《ふくだたけお》だった。福田赳夫などは宮沢を絶賛していたほどだ。

福田に評価されていたからこそ、田中角栄が嫌ったという説もある。要するに、宮沢の陰に〝角・福戦争〟の宿敵・福田ありと見た。だから宮沢が後継というのは絶対認められない。そのため田中は反対したという話もあるくらいだ。

そういう中にあって誰を総理にするか。

田中が一番使いやすいと考えたのが、同じ宏池会の鈴木善幸だった。総理にして、あらゆる難題を押し付ければ、嫌気が差してすぐに辞めるんじゃないか、という肚《はら》だったと見られている。真相はいまもって分からないが、実際に鈴木内閣になって田中からの横やりというか、無理難題がすさまじかったことは間違いない。

似たもの同士の組み合わせではうまくいかない

そういう中で宮沢が鈴木内閣の官房長官になる。ただ、両者ともに強力なリーダーシップを発揮するようなタイプの政治家ではなかった。むしろ、官房長官には同じ派閥の田中六助みたいな人物のほうがよほどよかったかもしれない。田中六助は野人肌の政治家だった。

鈴木善幸というのは、自民党の総務会長を長く務めていた典型的な調整型の政治家だ。自民党の総務会というのは全会一致が原則。総務会長の仕事は、自分の意見はともかくとして、うまく調整してみんなをまとめることが何より求められる。なあなあでまとめるのが商売のようなものなのだ。

宮沢のリーダー観というのもまた、彼らしいインテリのそれで、リーダーとは何かにつけて、こういうことを言っている。これはどうも中曽根のことを念頭に言っているふしがあるのだが、曰く「リーダーとは白馬にまたがって号令するのではなくて、巨大タンカーの船長のようなもの。船長の姿は見えないけれども、しかし、確実にちゃんと進路をとって、曲がるところは曲がっている。だから本人の姿は見えなくていいんだ。政治のリーダーも同じで、うまく政治が回っていればいいのだ」。

総理大臣も官房長官もこんな感じだから、この内閣は何をやろうとしているか明確に見えないところがどうしても出てきてしまう。

この二人の組み合わせを見ても、総理大臣と官房長官は違うタイプのほうがいいと思わざるを得ない。先の細川と武村のように確執があるのも問題だが、第2次以降の安倍内閣での菅官房長官がそうであるように、総理大臣が表でいろいろ動くために徹底的に裏で道を作っているように、タイプ、役割が違ったほうが結果的にうまくいっている。中曽根・藤波のコンビもそう。白馬にまたがって指示を出すような中曽根と、徹底的に裏方に徹する藤波という組み合わせ。後から振り返ってみても、政権としてよく続いたのは、明らかに役割分担がうまくできた内閣だったからだ。

ちなみに、後に宮沢が総理大臣になったときには、官房長官を河野洋平に任せるのだが、宮沢の政治家としてのタイプを考えると、もっと猪突猛進とは言わないまでも、ギラギラするぐらいのタイプの政治家のほうがうまくいったのではないかと思われる。結局、宮沢内閣もこれといった足跡を残せないまま、小沢・羽田グループに裏切られて、内閣不信任案を可決され、総選挙に追い込まれた。結果、新党ブームに飲み込まれ、自民党は結党以来初めて、与党の座を失うことになる。

政治家の一流と二流を分けるもの

宮沢は一見、好々爺《こうこうや》のような風貌だが、じつに頑固な男で、なかなか人の言うことを聞かないところがあった。

私は宮沢が総理大臣を辞めるときに、ちょっと提言したことがある。宮沢内閣の出した政治改革法案が党の総務会で通らない。後に詳述するが、あのときは幹事長の梶山静六が反対して通らなかった。

そのときに私はただ一つ通す方法があるとアドバイスした。それは自分を捨てること。この法案さえ通ったら、私は総理を辞めて構わないと公言することだ、と。この政治改革、つまり選挙制度を改革するために自民党はどれだけの歳月を費やしたか。宮沢内閣までで6年近くの年月を費やしている。もうこれはここで打ち切りにしよう。他にやるべきことはいっぱいある。これが通ったなら私は辞めて構わない。そうすれば、自民党というところは、「ああ、そこまで自分をなげだしてまでやろうとするなら、これは認めざるを得ない」となるところがある。昔からそういう政党なのだ。

自分を捨てる。そうすれば認められる。認められればどうなるか。自民党内で通れば野党も賛成せざるを得ない。なぜなら、あのときは世の中全体に政治改革機運があって、それを野党が反対できるわけがなかったからだ。

政治改革法案が通ればどうなるか。法案が通って、解散総選挙でもやろうものなら、自民党は勝つだろう。そうなったらどうなるか。選挙に勝ったリーダーを辞めさせることには絶対ならない。民意を得ているのだから。

つまり、自分を捨てることによって、むしろ自分が蘇《よみがえ》るのだ。党内で形勢が逆転するのだと宮沢に伝えたのだけれど、駄目だった。結局、それはやれなかった。宮沢自身が政治改革の要《かなめ》である小選挙区制にあまり乗り気でなかったこともあった。

人間は物理的に死んだら生き返ることはできない。しかし、政治的には一度死んでも生き返ることは可能だ。そんな例は、政治の世界でいくらでもある。でも、宮沢はそういうことができなかった。

宮沢は評論家としては一流だったが、政治家としては二流だったのだろう。それが官房長官のときにもどうしても出てきてしまった。どこかシニカルに物事を見てしまうわけだ。政策ブレーンとして、側近としてはすごく優秀だ。頭はいいし、政策にも通じているし、英語も堪能だ。

しかし、鈴木善幸総理の下での官房長官には向いていなかったことは間違いない。

鈴木善幸が一番問題だったのは、日米首脳会談の際。鈴木が総理大臣の立場で「日米関係は同盟関係じゃない」と発言してしまったことだ。日米安保条約に基づいて、アメリカの若い兵隊が来たくもない日本にたくさん来ているのに、それを同盟関係じゃないと言ってしまったら、アメリカが怒るのも当然だ。結局、伊東正義《いとうまさよし》外務大臣が責任を取って辞任する事態にまで発展する。

その件に関しても、国際通でもある宮沢が官房長官としてちゃんと総理に振り付けをしていたら、あんな発言は出なかったかもしれない。官房長官として、そのぐらいのことをやれるだけの知性はあっただけに、どこか冷めているというか、半身の政治姿勢が残念でならなかった。

手堅く慎重に、がモットーの官房長官

「総理への階段型」官房長官でもう一人挙げておきたいのは、小泉純一郎《こいずみじゅんいちろう》内閣で官房長官を務めた福田康夫だ。

福田康夫はひと言で言えば、手堅く慎重にというのがモットーの政治家。小泉－福田ラインは先の鈴木－宮沢と比べれば、組み合わせとして決して悪くない。猪突猛進型の小泉と、慎重な福田。実際、福田の官房長官の在位は、菅に抜かれるまで歴代最長だった。

小泉内閣の功績は、何といっても北朝鮮への電撃訪問だ。小泉訪朝を巡っては、水面下で外務省の当時のアジア大洋州局長・田中均《たなかひとし》が、北朝鮮側のミスターXとひそかに交渉を続けていた。田中は北朝鮮側を信頼させるためにいろいろ策を練り、頻繁に総理大臣の小泉に会いに行った。

なぜ、首相に会いに行ったのか？ そうすることで、翌日、新聞の首相動静欄に田中が

会ったことが載る。そして、その後にミスターXと交渉する。こうすることで、これだけ総理大臣と会っているんだ、これは総理大臣の意向なんだということを北朝鮮に示すためだった。

読売新聞の首相動静欄で確認すると、田中は小泉訪朝までの1年間、小泉と二人きりで27回も会っていた。そのくらい田中ーミスターXラインによる交渉に小泉は期待していた。

ところが、軍関係者と名乗るミスターXという人物が、どの程度、当時の北朝鮮の最高指導者・金正日《キムジョンイル》と関係が深いのかよく分からないということで、官房長官の福田などは、常に慎重に考えていた。あの国の体制はよく分からない、慎重にやろう、と。こういう手堅さ、慎重さというのが、福田らしさであり、政治家としてのスタンスだ。

交渉の経過報告を受けていたのは、わずか4人だったといわれている。小泉と福田と、官房副長官の古川貞二郎《ふるかわていじろう》、そして外務事務次官の野上義二《のがみよしじ》だ。

この交渉の間、福田はずっと慎重論者だった。ある意味では政権のブレーキ役。前のめりの小泉に対してブレーキを利かす役割を果たしていた。

その後、2002年9月に小泉の電撃訪朝が行われて、5人の拉致被害者を日本に連れ戻してくることに成功した。一時帰国の約束だったため、再び北朝鮮に帰す、帰さないでもめたが、それはどうにかクリアし、次なる課題は、北朝鮮に残った8人の拉致被害者家族をどうやって日本に帰すか、というステージに入る。

小泉再訪朝をめぐる舞台裏の攻防

このときにもいくつかの交渉ルートがあった。

一つは内閣総理大臣秘書官だった飯島勲《いいじまいさお》。これは朝鮮総連の最高幹部を通じたルート。それから小泉の盟友・山崎拓《やまさきたく》を通じたルート。そして、先の田中均とミスターXのルート。この三つのルートそれぞれが秘密裏に、拉致被害者の家族をどうやって帰すかということを探っていた。

小泉はこの間、家族が離散状態になっていることに対して忸怩《じくじ》たる思いがあり、8人の家族の帰国を何よりも最優先しようという決意でいた。

そんな折、田中を呼んで、自分が再訪朝すれば拉致被害者の家族を帰すという話がある。この情報を確認して準備してほしいということを伝える。これは先の飯島ルートによって、朝鮮総連の最高幹部とまとめてきた話だった。

それを初めて聞かされた福田と田中は、びっくりして当惑した。小泉再訪朝という選択肢はまったく想定していなかったからだ。

福田は慎重論を唱えた。北朝鮮が8人の家族を帰すかどうか確実ではないのに、首相が2度も訪朝するのは方法論としてどうか、と。しかし、この問題を自分の責任で解決すると宣言した小泉は、考えを変えなかった。首相の指示である以上、福田も田中も従わざるを得なかった。

このように、北朝鮮訪問に関しても、福田は一貫して慎重論者だったことが分かる。しかし、この慎重論がなければ、いろいろな落とし穴があるかもしれないという警戒心も出てこないわけで、私はこれはこれで小泉内閣において非常に大切な役割を担っていたと思っている。

潔く辞めればこそ復活できる

しかし、小泉の再訪朝が固まった2004年5月7日、福田が突然官房長官を辞任することを発表する。小泉が再訪朝するのが5月22日で、その直前に突然、官房長官が自ら辞任するのだ。辞任理由は、年金の未納問題で、次のようなものだった。

「私自身も含めて閣僚の中に年金の未加入、未納の問題があったことが判明し、政治に対する国民の信頼を失ったことは慚愧《ざんき》に堪えない」。その直前に民主党の菅直人が同じ問題で代表を辞めるのだが、その流れの中で「年金改革法案について3党合意がなされたこの機会に官房長官を辞したい」と表明したのだ。

表向きは、年金未納問題を辞任の理由に挙げたのだが、誰もが首相再訪朝をめぐる小泉との対立が本当の理由だと考えていた。福田は、2002年の最初の小泉訪朝の際、田中が主導した極秘交渉について、発表直前まで飯島を蚊帳の外に置いた。ところが、再訪朝では、逆に事前に飯島が北朝鮮との話を大筋でまとめ、福田や田中は出し抜かれた。小泉もそれを黙認した。

後日、福田は親しい関係者に「これが政治というものだ」と漏らすことになるが、表情には悔しさがにじんでいたという。その後、福田は小泉内閣に戻ろうとは決してしなかった。

これを逆にみれば、福田は政治家じゃなかったということにもなる。ただし、私が政治記者としていろいろ政治家の出処進退を見てきて、自ら潔く辞めるというか、まわりから辞任論が出る前に辞めた政治家というのはまずいない。いろいろ問題が起きて、散々に叩かれて、やっと辞任するというのがほとんどだった。

ところが、福田は、この官房長官のときと、その後に総理大臣を辞めるときもそうだったが、2度、予想もされなかった状態で辞めている。

官房長官としてこのように潔く辞めたことが、総理大臣への道につながった。福田としては、総理への道につなげるために官房長官を辞めたわけではないのだろうが、そのことが結果的にはプラスになったのは間違いない。だから辞任するのは早ければ早いほどいいというのが、私が政治記者として長く政界を見てきた経験からの正直な感想だ。

小泉内閣の次は安倍が継いで、その後に福田が総理大臣に担がれる。第1次安倍内閣でも小泉内閣を継承するかたちで構造改革を推進させたり、国論を二分するような政策を打ち上げていく。

そのため、国民の間に、ある種の「改革疲れ」といった空気が漂った。だから男性的なイメージの安倍晋三の後に求められたのは、決して同じタイプの麻生太郎ではなかった。一番人気は福田だった。何かをやってくれるという期待感よりも、危なっかしいことをしないだろう、という安心感が福田にあったということだろう。これがピタッと当てはまった感じだ。こうして、総理大臣に押し上げられることになった。

福田総理の最大の功績

福田が小泉という暴れ馬を制御する官房長官として適任だった理由は、小泉と福田のそもそもの関係にもある。

小泉は議員になる前は、福田赳夫邸の玄関番だった。政治家や新聞記者が福田邸に来たら、靴を並べていたのだ。その福田邸の御曹司が福田康夫だ。それは森喜朗にとっても同じ。昔から「康夫さん、康夫さん」と言っていた間柄だ。そういう意味でも、暴れ馬を制御するような役目が似合っていたということだろう。年齢的にも、森や小泉より上でもある。

小泉としては、何かにつけてブレーキをかけてくる福田がうっとうしい面もあっただろうが、小泉自身何を言われようが自分の流儀を押し通すタイプだったから、あまり気にならなかったかもしれない。

福田と小泉は決して馬が合うタイプではなかったけれども、いい意味での違う役割を果たしていた。しかも福田は上昇志向の強いタイプではなかったから、元財務事務次官の武藤敏郎が言ったような「3回は異論を言っても、4回目以降は従え」という部下としての姿勢を心得ていたところもある。

先にも述べたように、福田は出処進退に関して淡々としているし、権力を駆け上るために、ものすごくお金をかけてきたり、身を粉にして人間関係を作り上げてきたという政治家ではないから、官房長官や総理大臣の地位にしがみつくということはなかったとも言えるだろう。

ちなみに、私は福田の総理大臣時代の最大の功績として、福田がホストとなった洞爺湖サミットを挙げたい。

サミット開催を前に地球温暖化対策として、低炭素革命、低炭素社会日本を目指す方針について、日本記者クラブで会見した。この方針は、福島原発の問題があってその通りにはなっていかないのだが、産業革命から続くエネルギー構造の転換を目指すといった文明論にまで及んだ、とても中身のあるいい会見だった。そして、その思いを持って洞爺湖サミットに臨む。

この演説は歴史に残る名演説だといまなお思っている。福田はそういった文明論的な視点も持っていたので、総理大臣として短期間で退陣したのはちょっと惜しいという感じがしたものだった。

第3章

「幹事長」という仕事

本章では歴代の自民党幹事長の類型を紹介するが、その前に、幹事長について私が身近に見た、印象に残るエピソードを紹介したい。それは梶山静六である。

１９９３年６月、宮沢喜一内閣の不信任案が衆議院に提出された。野党に加え、自民党内でも小沢一郎、羽田孜らが政治改革ができないことを理由に賛成に回り、不信任案は可決された。

宮沢内閣は衆議院を解散するが、総選挙で敗北、退陣せざるを得なくなり、非自民の細川内閣が誕生することになる。

政治改革の要は選挙制度改革だった。しかし、前章で少し触れたように、宮沢が選挙制度改革法案を国会に出そうとしても、自民党内にも反対があって、全会一致が原則の総務会を通らない。不信任案が可決される５日前、宮沢は渋谷区神宮前の私邸で、幹事長の梶山に協力を要請する。

宮沢「何かいい知恵はありませんか？」

梶山「ありません」

宮沢「総裁の私が言っても駄目ですか？」
梶山「駄目です。自民党は組織政党です。自民党の党内民主主義は健全です。総理・総裁に一任すればできるという人は、自民党を知らない人だ」

もし、選挙制度改革法案が総務会で通っていれば、小沢らが不信任案に賛成するのはもちろん、自民党を出て行く口実も与えられなかったに違いない。梶山が宮沢に協力的であったなら違った展開になっただろうと、あらためて幹事長の存在の大きさを痛感したものである。もちろん、宮沢の総理大臣のポストを懸けた気迫というものが前提にはなったのだが……。

時の総理・総裁から見た幹事長、三つのタイプ

長らく自民党本部で働き、幹事長室の室長を30年間務めた奥島貞雄《おくしまさだお》という人が書いた『自民党幹事長室の30年』（中央公論新社）という本がある。１９６７年の第１次佐藤栄作内閣（第１次改造内閣）の幹事長である田中角栄から、95年の村山富市改造内閣のときの加藤紘一まで、トータルで22人の幹事長に仕えてきた人だ。

22人見てきて、当然ながら彼の好き嫌いもあるかもしれないが、誰より身近にいた人間がその政治家の本質を一番つかんでいるという面はあるだろう。

その22人の中で奥島が選んだベストとワーストの幹事長は誰だったか。ベストが田中角栄で、ワーストが小沢一郎だという。その理由も本の中で詳しく書いてあるのだが、まずは、その本の中で、奥島が仕えた幹事長の分類を紹介しておこう。

一つには「エンジン型」。つまり強い個性、リーダーシップで党を引っ張っていった幹事長として、田中角栄、福田赳夫《ふくだたけお》、中曽根康弘、大平正芳、田中六助、金丸信、安倍晋太郎、橋本龍太郎、加藤紘一を挙げている。加藤の前に村山内閣時に幹事長を務めた三塚博《みつづかひろし》もこのタイプに入れているが、力を発揮する前に交代したとしている。

さらに、このエンジン型には入るのだが、過激派という傍流《ぼうりゅう》に小沢一郎と梶山静六が位置している。奥島から見ると、この二人の評価は非常に低い。

もう一つは「グリース型」。グリースとは潤滑油のことで、調整型という意味だ。ここには、保利茂、橋本登美三郎《はしもととみさぶろう》、内田常雄《うちだつねお》、斎藤邦吉《さいとうくにきち》、桜内義雄《さくらうちよしお》、二階堂進《にかいどうすすむ》、竹下登、小渕恵三、綿貫民輔《わたぬきたみすけ》、森喜朗が分類されている。

このリストを見ると、エンジン型に分類された政治家のほうが、後に総理大臣になっている確率が高いということが分かる。調整型の竹下、小渕、森というのはその後に総理大臣になっているが、彼らは調整重視の純粋型のような、典型的な日本的リーダーシップの発揮の仕方をしていた。

奥島はそれぞれの幹事長の政治スタイル、政治手法という角度から分類しているのだが、私は少し違う分類をしたいと思う。

それは、その政治家の個性からではなく、時の総理・総裁から見てどういうタイプだったか、という分類だ。奥島の政治家の個性から見る分類と、総理・総裁との関係で見る分類とを合わせていくことで、より立体的に幹事長像を捉えることができると思うからである。

では、時の総理・総裁から見た幹事長にはどんなタイプがあるか。私は大きく三つに分けられると思っている。一つ目は「ライバル型」であり、二つ目は「総理への階段型」、三つ目が「独立独歩型」の三タイプだ。

それぞれを見ていこう。

1.「ライバル型」幹事長とは？

一つ目の「ライバル型」。かつての自民党では、総裁と幹事長は決してライバル関係ではなかった。幹事長は総裁派閥から選ばれるものだったからだ。そのほうが、総裁としては使いやすいのは当然だろう。

例えば佐藤栄作内閣での田中角栄にしろ、岸信介《きしのぶすけ》内閣での福田赳夫にしろ、あるいは田中角栄内閣の橋本登美三郎などもそうだが、たいていは総裁派閥から選ばれた総裁の子分、部下だった。

ところが、前述したように、田中内閣の後を継いだ三木武夫内閣のときからこれが変わる。

三木を総裁に選んだのは、副総裁だった椎名悦三郎《しいなえつさぶろう》だった。

椎名は、次の総裁候補と目されていた三木武夫、福田赳夫、大平正芳、中曽根康弘の4人を党本部に呼んで話し合いをした。このときにまず確認されたのが、誰が総裁になっても幹事長は総裁派閥からは出さないということだった。そして、当選回数別など、いろいろな会合が開かれるのだが、最終的には青天の霹靂《へきれき》のようなかたちで椎名裁定によって三木が新しい総裁に選ばれる。前総理大臣の田中が金脈問題で辞任したことを受けて、クリーンなイメージの三木が選ばれたのである。実際にクリーンだったかどうかは別にして、ダーティなイメージを一新しようとしたのだ。

そうなると、当初の申し合わせ通り、幹事長には総裁派閥に属さない人間がなるべきだとして、中曽根康弘が選ばれた。これが自民党の歴史の中で初めて総裁派閥以外から選ばれた幹事長人選だ（保守合同直後の自民党草創期は除く）。これをきっかけに、総・幹分離が自民党内で常態化していく。

では、なぜそうしたのか。一つは、権力の分散だ。権力が総理・総裁に集中しないよう、総裁・幹事長を互いに牽制しようというのである。ただ、こういうときにはもっともらしい理屈をつけるもの。たとえ総裁選で戦ったライバルであっても戦いが終わればノーサイド。総理・総裁を支えて挙党一致で協力していこうというのが大義名分だ。

こうして総裁の座を争った党内のナンバー2や実力者は、野に放たれるのではなく、幹事長として総裁を支えていくのが不文律になっていく。

幹事長代理というお目付役

ただし、総理・総裁からすると、それだと党内でなかなかうまく自分の意向が通らない。そこでどうしたかというと、幹事長代理というポストを設ける。副幹事長などは比較的若手が務めることもあるのだが、幹事長のお目付役でもある幹事長代理はそれなりの実力者を置いた。

最初に幹事長代理が置かれた三木内閣では、幹事長の中曽根の下に、石田博英《いしだひろひで》をつけた。石田は石橋湛山《いしばしたんざん》内閣で官房長官を務めるなどした三木派の重鎮。最近では幹事長代理もそれほど大物ではなくなってきたが、かつては、総裁派閥の実力者が就いたものだった。これ以降、幹事長代理という仕組みができあがっていく。

そもそも幹事長というのは城代家老、国家老のようなもの。殿様（総裁）はずっと江戸（政府）にいるため、領地（党内）では国家老が一番の力を持つことになる。そうなると、時として殿様の意向が国元に通らないことも出てくる。そのため、総・幹分離と引き替えに幹事長代理に自派の人間を据えるという仕組みを作ったわけである。

しかし、この不文律を打ち破ろうとしたときがあった。それが福田内閣から大平内閣になるとき。福田内閣のときは大平が幹事長だった。これは別派閥で、完全にライバル型だ。その後、大平内閣になったときに、大平は自派の鈴木善幸を幹事長にしようとする。

これには福田が猛反対。反対理由の一つに、先の総・幹分離に反するという大義名分があった。ただ、隠れた大きな理由は、鈴木善幸は大平派だが、田中派の二階堂進と親しく、現住所は大平派でも本籍は田中派だなどと陰で言われていた。そうすると、また田中の影響力が強くなる。福田としては、角・福戦争以来の天敵・田中が裏で操るような内閣は、絶対に認められない。こういう背景があった。

それに対して、大平はこう反論する。総・幹分離は田中角栄後継を決めるときだけの合意に過ぎない。全党員の投票によって私は選ばれたのだ。その自分を拘束するようなルールではない、と。

大平の言うことも一理あると言えば、ある。ということで、どこでどう折り合いをつけたかというと、結局、大平派の斎藤邦吉が選ばれる。田中寄りではなく、さりとて、きつい表現になってしまうが、毒にも薬にもならないという理由からだった。これは完全に妥協の産物と言える幹事長人事だ（第2次大平内閣では中曽根派の桜内義雄が務めた）。

このように幹事長ポストというのは、総裁との関係で大きく左右される。ここに総裁との関係から幹事長をタイプ分けすることの意味があるのである。

総理・総裁はあらゆる面でリーダーシップを発揮しなければいけない。リーダーシップを発揮するためには自党内で強くなければならない。自分の息のかかった人間を幹事長にしようとするのは当然だが、すると、対抗勢力から反対論が巻き起こってきて、総・幹分離を声高に唱える。結局、政治とはこういうせめぎ合いの中で展開されるものだと言っていいだろう。

総理と対等意識が強かった石破幹事長

「ライバル型」ということでは、最近で言えば石破《いしば》茂《しげる》がまさにそれだ。安倍が総裁に返り咲いた第2次安倍内閣で石破は幹事長になる。

安倍と総裁選を戦った際、予備選挙、つまり全国の党員投票では1位が石破（199票）で、2位が安倍（141票）、3位が石原伸晃《いしはらのぶてる》（96票）という結果になる（ちなみに、4位が町村信孝《まちむらのぶたか》で34票、5位が林芳正《はやしよしまさ》で27票）。過半数は取れなかったが、全国の党員投票では石破が圧勝する。

ところが、国会議員による決選投票で石破は票が取れないために、2位3位連合でまとまった安倍に逆転されることになる。しかし、当然ながら党内でそれに対して強い反発が出る。予備選挙というのは全国の自民党員の意向を反映したものなのに、それが逆転されるとはどういうことか、ということだ。それが厳しい批判になったため、2018年9月の総裁選ではより地方票の比重を高めることになった。

安倍が返り咲いた第2次安倍政権が発足する際、予備選で石破が勝ったことによって安倍は石破を幹事長にせざるを得なくなった。安倍は本音では、さっきまで自分と戦って、自分に弓を引いていた一番のライバルを要職にはつけたくなかったが、そうせざるを得なかったのである。

そのため、当時の新聞などを見返せばよく分かるのだが、石破は幹事長になっても半年ぐらいは、総理に対等な口をきいていた。全国の自民党員は俺のほうを支持していた、世が世なら自分が総理だったんだという態度だった。当時、私は「そんな態度では駄目だよ。1票差だろうが大差だろうが、決選で敗れたからには、もう総裁と幹事長とでは立場は大きく違って、幹事長はあくまで総理に仕えなければならない」ということを本人にも言ったのだが、しばらくは対等のような態度が続いた。

ただ、石破は幹事長時代、2度の選挙を指揮したが（2012年の衆議院選挙、201

3年の参議院選挙)、ともに自民党は大勝して、しっかり結果を残した。幹事長としての責務は十分に果たしたと言えるだろう。

石破が地方で強いのは〝鉄ちゃん〟のおかげ?

石破の力の源泉というのは、総裁選の予備選で勝利したように、地方にあった。なぜ石破は地方に強いのか、なぜ予備選で勝ったのかを考えたときに、その一つの理由として、石破が〝鉄ちゃん〟だからというのがあると私は思っている。鉄ちゃんとは鉄道マニアのこと。国会議員の中で鉄道マニアの双璧は、石破と民主党の代表だった前原誠司《まえはらせいじ》(現・国民民主党)の二人だ。

石破は鉄道マニアゆえ、地方に遊説に行ったときなどは夜行の寝台列車に乗るのが楽しみになる。そうなると現地に夜まで滞在することになる。夜までいると、地方の党員や支持者たちと食事をしたり、宴席を囲んだりする時間ができる。そうすると、地方の人たちは、石破という政治家を身近に感じられる。地方の人からすれば、中央の有名な政治家が自分たちと一緒に食事をしてくれるだけで、感激するわけだ。

たいていの自民党の幹部や閣僚たちは忙しいこともあって、地方に来ても、ちょっと挨撈するだけで、食事を共にすることもなく、東京に戻ることが多い。しかし、石破は鉄ちゃんなだけにずっといてくれる。じつはこれが地方にとっては大きい。私に言わせれば、石破が強いのは鉄ちゃんのおかげなのだ。

取るに足らない話のようでいて、じつはこれは政治家にとってとても大切なことだ。予備選挙にあたって、地方の党員からすれば実際に会って話したことがあるのは石破しかいない。安倍晋三は遠くで見かけただけ。となれば、石破に票を入れたくなるのが人情だろう。だから2018年9月の総裁選を見越して、安倍は地方を丁寧に回っていた。埼玉県にある鉄道博物館にまで行ったりしたのは、石破のことが念頭にあったに違いない。

逆に言えば、そのことが石破にとっては一つの大きな自信になって、党内でいろいろなかたちでリーダーシップを発揮できたところもあった。結局、幹事長を2年間やったのだが、安倍としては早く辞めさせたかったのだろう。幹事長の後に、挙党体制を作るということで地方創生担当大臣を2年務めた後、2016年8月に退任した。

それにしても、石破について言えば、鉄ちゃんであることが地方人気につながるなど、政治というのは何が幸いするか分からない。その一つの典型のようなケースである。

2.「総理への階段型」幹事長とは？

幹事長の二つ目のタイプは「総理大臣への階段型」幹事長だ。この一番の典型は、小泉内閣での安倍晋三だろう。安倍は官房副長官からの昇格で、じつはこのときまで一度も大臣を経験していない異例の出世である。しかもこのときは当選3回で49歳という若さでもあった。

小沢一郎が海部俊樹内閣時に幹事長になったのは47歳だった。小沢の師である田中角栄は佐藤内閣時に同じく47歳の若さで幹事長に就任してはいる。しかし、その時点までに小沢は自治大臣・国家公安委員長を経験していただけだが、田中は郵政大臣や大蔵大臣を歴任している。当選回数も小沢7回、田中8回での幹事長就任だ。

そういう意味でも、安倍の幹事長就任は、これまでの自民党の人事ではあり得なかった。普通ならまず党内で認められないだろう。これは前例にとらわれない小泉だからできたことだ。

安倍を選んだのは、一つには自分の後継は安倍晋三だということを内外に示そうとしたことが挙げられる。

小泉内閣はきわめて特殊な内閣で、閣僚を選ぶ際も、派閥順送り人事はまったくしなかった。たいていの内閣は、各派閥から推薦名簿を集めて、その中から選ぶのが一般的だ。もちろん、総理枠というのもあって、総理が独自に選ぶ閣僚もいるのだが、基本的には名簿を取り寄せて、その中から選ぶ。そうしないと〝一本釣り〟といって党内から反発を買って、あとあと政権運営に支障をきたす。だから一本釣りはそうはできない。

ところが、小泉はそれまでの自民党の慣例を完全に打ち破った。推薦名簿を一切受け付けないのだ。

そうなると困るのは新聞記者だ。通常、組閣が正式に発表される前に閣僚内定者の名前が新聞などのメディアに出たりする。なぜ事前に名前が出るのかというと、一つは、候補者は候補になったというだけでもいいから自分の名前を載せてほしいという思いがある。そのため、事前にメディアに売り込みがある。派閥の推薦名簿に載れば、候補者としてメディアに出ることもあるから、地元に対して自分は閣僚候補だというアピールができるのだ。また、派閥の領袖にとっても、自分がその人間を閣僚に推薦してやったということを内外に示せる。そういった思惑があるために、大臣候補の段階でいろいろと漏れ出てくるのだ。

また、実際に総理・総裁から次の内閣で○○大臣にすると連絡が来たときに、いち早く新聞記者に漏らす人も少なくない。自分の影響力を誇示するためだが、そのため、正式に発表される前にきわめて正確に新聞紙面に閣僚名簿が載る。だいたい組閣の前日までには組閣名簿が掲載できるのが普通だった。

ところが、小泉内閣のときはそれが絶対できない。推薦を求めないだけでなく、派閥の領袖が自派閥の誰それが○○大臣にふさわしい、○○大臣にしてやりたいといったことを記者にしゃべって新聞に出たりすると、小泉は絶対にその通りにはしなかった。

だから事前に紙面に載った人事はすべてそうならない。必ず誤報になる。そうすると、新聞記者は事前のスクープなどできなくなる。だから小泉内閣になってから、事前に○○大臣に誰それ内定、という情報が一切載せられなかった。

これに対しては、自民党の古株も、小泉は変わり者だからというので、誰も文句を言わなくなる。そういうやり方だから、安倍晋三が官房副長官から閣僚も経験しないまま幹事長に昇格という、かつてない人事も可能になった。それまでは、幹事長になるというのは、財務大臣、経済産業大臣、外務大臣といった主要閣僚、そして、党三役（幹事長、総務会長、政調会長）の政調会長あたりを経験しているというのが一つの条件であったのだが、そんな過程はすっ飛ばして、安倍を自分の後継にするための訓練をさせようとしたのだ。それが結果的に、後の安倍の飛躍にもつながっていく。

当時は小泉自身も人気があったが、若きプリンスである安倍の人気もかなり高かったことも大きかっただろう。

演説でおひねりまで…ずば抜けて人気があった橋龍

人気という点で言えば、これまで一番すごかった幹事長は、橋本龍太郎だろう。宇野宗佑内閣のときの幹事長で、これはもう大変な人気だった。

宇野内閣は1989（平成元）年6月3日に発足するのだが、発足前からいくつもの問題を抱えていた。農産物の輸入自由化問題と、竹下内閣が退陣するきっかけとなったリクルート事件、それに同年4月から施行された消費税の、いわゆる3点セットがあった。さらにそこに、宇野の女性問題、いわゆる〝三つ指〟問題が加わって、4点セットになってしまった。

一方で、日本社会党委員長の土井たか子の〝マドンナブーム〟が巻き起こる。そんな逆風の中にあって、橋本龍太郎が幹事長になるのだ。

このときに参議院選挙が行われたのだが、宇野が行っても逆効果だということで、総理はまったく応援演説に呼ばれない。そのぶん、人気者の橋本龍太郎が東奔西走することになる。

幹事長・橋本龍太郎の遊説先は全部で1道2府21県、25都道府県に及んだ。遊説のために移動した総走行距離は1万8000キロ。街頭演説53回、街頭政談6回、政談演説会は5回、個人演説会7回、各種の懇談会12回、激励を受けたのが6回、挨拶1回、記者会見11回、聴衆は合わせて16万人にも上ったという。

このような殺人的なスケジュールを、参院選の公示から投票前日までの18日間で行った。自民党に逆風が吹き荒れる中で、橋龍の遊説先だけは黒山の人だかりで、「龍さま」「龍さま」といった、女性の追っかけが多数いたという。なかには東京から名古屋までタクシーで追いかけていったファンもいたし、追っかけだけでなく、おひねりまで出ていたというから、いかに当時の橋龍人気がすごかったかわかるだろう。演説したらそこに万札のおひねりが飛んできたというのだ。

そんな橋龍人気でもどうにもならないくらい自民党には逆風が吹いていた。結局、参院選で大敗を喫する。自民党は改選議席69のうち当選はなんと36人。非改選の73と合わせて109。当時の参議院の過半数の127議席を大きく下回ることになる。ここから自民党結党以来、初めての衆参のねじれが生じて、この後ずっと自民党は国会運営に苦労することになる。それがジワジワとボディブローのように効いていき、93年の自民党下野につながってもいく。

政治家はとかく不人気な存在だが、少し前の韓流スターやジャニーズのアイドルのような人気を誇った幹事長がいた、ということを橋龍は教えてくれる。

3.「独立独歩型」幹事長とは？

「独立独歩型」の幹事長でいえば、この章の冒頭で挙げた宮沢喜一内閣時の梶山静六などもそうだし、海部俊樹内閣時の小沢一郎もこれに入るだろう。最近では、安倍内閣での二階俊博もこの独立独歩型に入ると思っている。このタイプには、党人色の強い政治家が並ぶ。

独立独歩型というのは、基本的にナンバー1、つまり総理・総裁を、表向きでも裏側でも目指さないというタイプである。周囲もナンバー1になる人だと思わないし、そのぶん逆に力を発揮できるというところがある。梶山静六の場合、小渕恵三が選ばれたときの総裁選に出ているが、最初から目指していたというより、やむにやまれず立候補したという事情があった。

その「独立独歩型」の典型は金丸信だろう。中曽根内閣時に幹事長を務めた金丸は、あくまでも脇役というか、バイプレーヤーのような立ち位置で、トップを目指さず、トップを作ることの強さにおいて、遺憾なく力を発揮した。

金丸は自分の政治の師匠は保利茂（田中派の前身・佐藤派の大番頭と呼ばれ、第2次佐藤内閣第2次改造内閣で官房長官を務めるなどした）だとよく口にしていた。ただし、同じ幹事長であっても、保利の場合は調整型のタイプで、金丸の場合は、調整にももちろん力を発揮するのだが、もっと高いレベルでの調整だった。

例えば、金丸は、田中派内において竹下登を中心とする創政会を旗揚げするために尽力するのだが、派閥の領袖・田中角栄に弓を引くかたちでこの勉強会をつくった一番の大きな目的は、世代交代を実現するための道筋をつけるということだった。

金丸は幹事長になった１９８４年秋の時点ですでにかなり具体的な創政会立ち上げの青写真を持っていたと言われる。幹事長就任と同時に、派閥を離脱したが、こんなことは、それまで例がなかったからだ。

表向きは党務を優先するということだが、実際には派閥のしがらみから距離を置いて、自由に動けるためだったのだろう。その意味では、新しい世代に引き継ぐためにはどうしたらいいかということを常に考えて動いており、この創政会を大きな布石にしようとしたのだ。そういう意味では、日本の政治をどうしていくべきかという青写真を持っていた政治家でもあっただろう。

金丸の最大の誤算は、自分が守り育てた竹下派に後ろ足で砂をかけて出て行くことになる小沢一郎を最後まで信じていたことだろう。これほどの政治家でも目が曇ることがあるのだ。

ライバル派閥の若手の面倒まで見る度量

奥島貞雄は『自民党幹事長室の30年』で次のようにも書いている。

「『政界の寝業師』と称され、どちらかというと〝裏表がある〟〝得体が知れない〟といった奇異のイメージで語られ、〝アバウト〟ばかりが喧伝《けんでん》される金丸だが、幹事長としては周到緻密に準備を進め、行動を起こすと、白刃一閃《いっせん》。そんな仕事ぶりを知る私などには、外面的印象批評とは対極にある政治家だった」「幹事長ともなれば選挙の時に応援演説の依頼が党からも派閥からも殺到する。そんな時、決して自派の候補を優先しようとはしなかった。筋を通しながら自民党幹事長としての立場を貫き通したのである」

奥島は、ここが小沢一郎と決定的に違うと言っている。小沢については「小沢がもっとも血道を上げていたのは、自らの基盤固めであった。側近で、後に袂を分かつことになる熊谷弘副幹事長と示し合わせてはせっせと竹下派内での勢力拡大に努めていたのである。例えば、昼時になると決まって自派の若手だけを五～六人程幹事長室に招き入れ、奥の個室で食事をとりながら懇談の時間を持っていた。国会議員には多かれ少なかれ権力欲があるものだが、幹事長室に自派の議員を引きずり込んで、自分のシンパ拡大工作に励んだ政治家は他にいない」。

これに関しては、中曽根康弘も金丸に似たエピソードがある。

中曽根は幹事長として地方に出張するとき、必ずと言っていいほど、他派閥の若手議員を誘った。一緒に旅をすれば気心も知れる。こうしてコツコツと人脈作りに精を出していたのだ。そして、それは後年、見事に役立つことになる。後の中曽根内閣発足時の閣僚名簿には、この時期旅行に誘っていた他派閥の人名が多く見られた、という。

これは中曽根康弘の大きな特徴で、自分が世話になったり、自分に助言してくれた人というのをものすごく大事にしていた。しかも、どんなメモでもきちんと取っていて、人脈作りに活かしていった。中曽根康弘のまわりには幾重もの人間のかたまりがあった。

一番内側の輪には、秘書グループがいる。中曽根のためなら監獄に行くこともいとわない人たちだ。次の輪には自分の派閥の国会議員がいる。その次の輪には地元の支持者がいて、さらにその次の輪にはマスコミの人たちがいる。そのまわりを学者のグループが取り囲んでいる、といった具合に、幾重もの人脈の輪を作っていた。それがやがて〝いざ鎌倉〟というときにはみんな駆けつける。

金丸はトップになろうとしていたわけではないが、決して自派の人間だけを優遇しなかったというのが共通している。

金丸にとって大事だったのは世代交代だった。そのための道筋をつけることに腐心した。金丸は総理・総裁に遠慮しなかった。中曽根嫌いということでは日本一ということを自他ともに認めていて、中曽根に行き過ぎたことがあれば、たとえ野にあっても刺し違えると公言していたほどだ。もちろん田中派という圧倒的な派閥をバックにしていたことはあるだろうが、それが鈴木善幸の後継を選ぶ総裁選では、異論を抑えて、田中派内を中曽根支持でまとめていく。「中曽根のことを一番嫌いな俺が言ってるんだから」と説き回って、当時の長老グループの反中曽根の空気を封じ込めるのだ。

語録を通して見えてくる金丸の本質

金丸は多くの名言を残している。例えば、「さすっているようで叩いている。叩いているようでさすっている」。中曽根との関係を念頭に、褒めているようでけなしている、けなしているようで褒めている、ということだろう。「馬糞の川流れ」というのもある。川に流した馬の糞は、すぐばらばらになって溶けていく。そのように野党は一致団結しているようですぐにばらけてしまうだろうということを表現したものだ。

それから、「大便よりも小便のほうがまだましじゃねえか」。いささか品に欠けるが、野党に対して、あなた方が絶対反対の案（大便）よりも、多少は妥協の余地がある案（小便）のほうがよいだろうと、この辺で手を打とうという意味だ。

岡崎守恭が『自民党秘史』（講談社）の中で書いているのだが、金丸信とは何ぞやと悦子夫人にじっくり聞いたところ、こう語ったという。

「金丸は繊細な神経で、あらゆることに精通して、ものを言うんじゃないんです。何かすごい政策を持ってなんとかとか、そういう人じゃないんです。だけど政策に精通していることなんて必要ないんで、政治家は多くの耳と冷たい目を持って、流されないようにしていけばいいんですよね。まず、池に石をポーンと投げて、その波紋でみんなに考えさせるというやり方ですね」

「人間これがいいと思ったら、どうしてこれがダメなんだ、おかしいじゃないか、と言っちゃうでしょう。金丸は絶対、そういうことは言わないの。相手の意見を聞いてね、それはご無理、ごもっとも。だけどこういうことも言えるが、どうだねとか言いながら、結局、ぐっと遠回りで自分の言う通りにしてしまう。これが金丸の政治家として、一番いいところです」

陰ひなたなく金丸を支え続けた夫人なだけに、金丸の本質を突くうまい言い方だ。

金丸は全国を応援で回って、自分の選挙区はほとんど悦子夫人に任せることが多かった。けれども、地元からは金丸先生の演説は何を言っているか分からないが、奥さんの演説はうまくて票が集まる、という声がよく上がっていたという。金丸自身も、女は男によって変わるが、政治家は妻によって変わる。悦子がいることによって若い気分でいられると内助の功に感謝していた。

そんな金丸夫人を中曽根がうまく利用したこともある。1986年の夏、中曽根政権は衆参同時選挙で圧勝して、衆議院では300議席を獲得した。このとき、幹事長だった金丸はなぜか、「しまった、勝ち過ぎだ」と漏らしたという。

当時、自民党総裁の任期は最長で2期4年の規定だったのだが、中曽根は任期延長を目指していた。選挙の大勝で中曽根の任期延長は現実のものとなって、自分が描いていた世代交代、ひいては竹下政権誕生は遠のくと思ったようだ。

それもあって、自民党大勝の最大の功労者でありながら、世代交代の歯車を回すために幹事長を辞任、竹下登に譲る。それだけではなく、中曽根がそれならと持ちかけた副総理への就任も渋る。そこで、中曽根は悦子夫人を通して説得をする。夫人に電話をかけて「ご主人が副総理を受けてくれないで困っている。竹下君には幹事長をやってもらう。竹下君の奥さんだけ晴れやかな場所に出て、あなたが無役の奥さんだからといって家に引っ込んでいるのは忍び難い」。結局、金丸は副総理を引き受けることになったという。

結局、「幹事長」として一番重要なことは？

このように見てきても分かるように、幹事長の役割は何かということを考えたときに、やはり総理・総裁に対しても、きちんとものが言えるかどうかということがある。

そして、もう一つは、自分の勢力を拡大するためにやっていることなのか、それとも、総理・総裁を支えようとしているのか、自民党をこういう政党にしていこうと考えてのことなのか。どういう信念で行動しているのか、ということだ。

党のため、ひいては国のために無私の精神でやっているのであれば、自分にとって不都合なこと、マイナスなことでもあえてやらなければならない。それをやっているかどうかというのが、幹事長としての評価の大きな分かれ目になるだろう。

私はかねがね〝秘書を見れば政治家が分かる。政治家を見れば秘書が分かる〟と思っている。夫婦と同じように、長いこと活動を共にしていると政治家と秘書もだんだん似てくるものだ。政治家が傲慢だと秘書も傲慢になっていく。政治家が誠実なら秘書もたいてい誠実だ。だから秘書を見れば政治家が分かると同時に、夫人や、幹事長室長の奥島のような身近にいる人にどう評価されているかということも、その政治家の真価を知る上できわめて重要だと思う。

その意味では、金丸という政治家はもっと評価されていいはずだと思っている。


あえて増税法案を持ち出してでも…


政治家として、自分にとって不都合なことでもあえてやらなければならないということでは、私は福田赳夫内閣時の幹事長で、その後に福田から総理大臣を引き継いだ大平正芳を高く評価している。

私が大平を評価する理由の一つは、総理大臣時代にあえて一般消費税を持ち出したからだ。結局、党内外の猛反対を受けて撤回することになるのだが、提起すること自体に大きな意味はあった。

その後、中曽根内閣でも売上税というかたちで導入しようとしたが、これも失敗。次の竹下内閣で3％の消費税導入がやっと決まる。しかし、消費税導入後の参議院選挙（竹下退陣後の宇野内閣時）で自民党は歴史的大敗を喫することになる。消費税を3％から5％に引き上げたのは橋本内閣だが、このときも直後の参議院選挙で大敗する。

このように増税は国民の多くは望まないから、決して政治家としてプラスになる政策ではない。増税は内閣にとって死屍《しし》累々《るいるい》の歴史なのだ。それでも日本のために必要と思えば、あえてやろうとするかどうか。そこは政治家としての覚悟の問題になる。

民主党政権時代に総理大臣だった野田佳彦も私は非常に評価している。なぜ評価するかというと、拙著『総理の覚悟』（中央公論新社）の中でも書いたのだが、消費税率を5％から8％、10％に引き上げる決断をしたからだ。増税をやっても、総理大臣の自分にとって、また政権にとって絶対にプラスにならない。

まず、野田のときは、お膝元の民主党内に反対が強かった。民主党内で反対されると、自分が出した法案を国会に出す前に身内の党内で否決される。

なんとか党内を通ったとしても、増税法案などまず国会で通らない。さらに国会で通ったとしても、今度は必ず選挙で負ける。ということは、増税をやるということは、イコール総理でいられなくなるということなのだ。

私は直接、野田に聞いたことがある。「消費税引き上げを本気でやるのですか。やれば総理ではいられなくなりますよ。総理を取るか、消費税引き上げを取るかなんですよ。どっちを取るんですか？」と。そうしたら野田は、「消費税の引き上げを取ります」と明言した。「ああ、だったら応援しますよ」と私は返したほどだ。

総理大臣の決断としてみたとき、この野田の決断は、小泉の北朝鮮の電撃訪朝と並ぶ大きなものだと思っている。そのくらい歴史に残る決断だったのである。

いまだからこそ言える、中曽根が竹下を後継に選んだ理由

ちなみに、中曽根が後継者として竹下を選んだ理由にも、消費税が関係している。

当時、中曽根の後継者候補は〝安竹宮〟と言われ、安倍晋太郎、竹下登、宮沢喜一の3人だ。3人の中から竹下を選んだ最大の理由は消費税だった。

中曽根は売上税をやろうとしたが、選挙でやらないと言ってしまったので、公約違反だと批判され断念する。5年に及ぶ中曽根内閣でできなかったことが二つあった。一つは教育で、教育臨調を作ったものの改革には至らなかった。もう一つが売上税だった。

日本の財政状況を考えたら、売上税をなんとしてでも導入する必要がある、だから自分の後を引き継ぐ人間にぜひ託したい。そのためには誰が一番いいかと考えた。それには与党・野党も含めて調整が一番うまい人間がいい。新たなことをやる必要はない、見識も必要ない、俺がやり残したことをやればいいんだ。それをやるには竹下が一番適任だ。中曽根はそう考えて竹下を選んだのである。

これはきわめて合理的な選択だった。それを受けて、竹下は消費税導入を実現した。ただし、繰り返すようだが、3％の消費税は導入したものの、リクルート問題で辞任に追い込まれる。消費税導入後の最初の選挙は宇野内閣で行った参院選だが、前述したように、自民党は大敗した。3％から5％に引き上げた橋本内閣も選挙で大敗して退陣。そこから先に進まなかったところで、民主党政権の野田内閣で8％への引き上げを決めた。しかし、結局、民主党も衆院選挙で敗北し、せっかくつかんだ政権の座から滑り落ちることになる。その意味でも、増税には政権の存廃を懸けた覚悟が必要なのであり、だから強力な政権のときにこそやるべきなのである。

それを野田はやろうとした。前章の官房長官・福田康夫の話の中で、政治家は政治的に死んでも蘇る、つまり、「私」を捨ててこそ生き返ることができると書いた。物理的な死は蘇ることはあり得なくとも、蘇る政治的な死というのがある。じつは、野田はそのチャンスがあったと私は考えている。

野田内閣には「勝ち目」があった

野田内閣は、紆余《うよ》曲折《きょくせつ》を経て、2012年8月に消費税引上げ法案等8法案を民主党・

自民党・公明党の3党で合意し（社会保障・税一体改革に関する確認書）、成立させる。その際、消費税引き上げについて「近いうちに信を問う」、つまり選挙をすることを約束した。結局、その年の12月まで引っ張って解散総選挙をするのだが、法案成立直後にやるべきだったと思う。そうすれば、民主党はあれほど大敗せず、下野することもなかったかもしれない。それをせずにずるずると選挙を先延ばしにしてしまった。

もしあの直後に選挙をやれば、消費税を社会保障に充《あ》てるということで、もちろん反対もあるだろうが、「私」を捨ててまでそれをやろうとしたということで、逆に評価する人も出てきたに違いない。

あのときは街頭で消費税の引き上げについて聞くと、誰もが「増税はしてほしくない。しかし、いまこれだけ社会保障でお金がかかっているときなのだから、それもやっぱり必要なことじゃないか」と賛同する人が少なくなかった。実際に投票するときになったら、必ずしもその通りに投票しないかもしれないが、建前論議になると、それも大事だという話になっていた。そんな世の中の空気だったので、あえて自分にマイナスのことをやろうとしていると評価する人も少なからず出てきたはずだ。

私は野田の周辺に、こう言えばいいとアドバイスしたことがある。「いままで消費税を導入、引き上げをした政権は死屍累々で勝ったためしがない。決してプラスにならないと言われた。それでもあえてやるということは、総理を捨てるということです。だってこれだけの借金を、自分たちの子や孫、これから生まれてくるであろう子どもたちに残せますか。それで死ねますか。私にはできません。だからやるんです」。そうやって訴えたらどうかと。そうすれば必ず、一定数の人には評価されたはずだと、いまも思っている。

でも、結局、直後の選挙を野田はできなかった。なぜできなかったかというと、衆議院の定数是正問題があったからだ。現状の1票の格差の定数是正をしないで選挙をやると憲法違反だと言われかねないと野田は考えた。しかし、強引にやってしまえばよかったのだ。あれは野田内閣最大の失敗だった。結果的に、苦渋の消費税引き上げという大英断が選挙の焦点でなくなってしまった。

とはいえ、野田は消費増税という歴史的汚名ともなる政策を、「私」を捨ててやる覚悟を示した。そういう意味では、私は野田内閣を評価している。

最後は「大義」を持った政治家が強い

「私」を捨てるということは、私のような政治記者が言うのは簡単だが、実際には大変なことだというのはよく分かる。それまで何十年と苦労して築いてきたものがある日突然ゼロになることの恐怖は、実際にその場に立った人間以外は分からないだろう。

でも、じつはこれは政治家だけではなくて、組織の中にいる人間すべてに当てはまることでもある。「ああ、この人は自分のことを考えて動いているんじゃないんだな」ということがまわりに伝わるかどうか。もちろん、時にはそう見せるために動いている場合もあるだろう。それでもいいから、見せるためでもいいから、やるべきだろう。

そしてその姿は、必ず見ている人がいるものである。すぐには分かってもらえないかもしれないが、ずっと見ているときっと伝わるだろう。

それと同時に、大切なのは大義である。何のためにそれをやるのかという大きな目的だ。それがないと、どんな立派な政策論をぶっても駄目だ。ただ目の前の出来事に流されていくだけではいけないのであって、自分はこういうことを実現させたい、こういう国にしたいという大義が必要だ。憲法の問題にしてもそうだろう。

いまの政治家はそういう点で大義を堂々と主張していないところがあるようにも思う。例えば、安保法案を国会で審議しているとき、国会前でさかんにデモが行われていた。安保法案が日本にとって必要なら、総理大臣や推進したい政治家は自ら、あえて国会のデモ隊のところに、みかん箱でも1つ持って行って、私はこういうつもりでやっているんですと堂々と訴えたらいい。もみくちゃになるかもしれないが、信じる道を示すことが政治家には必要なのだ。

誰だって、国民を戦争に行かせようとは考えているまい。そうではなくて、日本の国民を守るために私はやっているんですよと訴える。デモの参加者の多くは、最初から推進派の意見など聞きたくないと思って来ている人たちばかりだろうから、そんな声はかき消されるかもしれない。でも、安保法案の国会デモのときは、ごく普通の家庭の主婦なども来ていた。自分の子どもや孫が戦争に行かされるんじゃないかと不安になって、いてもたってもいられなくてデモに参加してきた人たちだ。そういった人たちに対して、それは違う、そうじゃないんだということを体を張って示さないといけない。そこが必要なのではないかと私は思う。

信念があったら、もっと大衆に飛び込むという姿勢。そんな信念と勇気がいまは少なくなっているのではないかと感じる。

第4章 諸外国との比較で見えてくること

前章までで日本のトップリーダーを支える官房長官と幹事長の役割を、トップである総理・総裁から見た類型を通して紹介してきた。では、諸外国ではどうなっているのか。本章では、アメリカ、イギリス、ドイツのトップリーダーを支える政治システムと比較しながら、日本の官房長官と幹事長の特徴を明らかにしていきたいと思う。

諸外国のシステムとしては、基本的にまず大統領制であるか、議院内閣制であるかによって、国家のトップリーダーの役割、与党の役割が変わってくる。それによって当然、日本の官房長官や幹事長にあたるポストの役割も決定的に違ってくる。

さらに、大統領制であれ、議院内閣制であれ、その国の歴史や文化、どんな政治史をたどってきたかによっても違ってくる。それらを前提に、三つの国の制度を取り上げて、具体的に紹介していこう。

アメリカの場合

まず、アメリカの場合はどうか。アメリカはご存じのように大統領制をとっている。日本は議院内閣制で、国会の多数派の代表が国のトップリーダーである総理大臣に選ばれる。

国民が国会議員選挙を通じて間接的に総理大臣を選ぶ間接民主制だ。

これに対して、アメリカの場合は、厳密な三権分立が確立されていて、行政の長である大統領を直接的に選挙（正確には、大統領選挙人に投票するという間接選挙だが、選挙人は推す大統領候補を明言しているので、事実上は直接選挙）で選び、日本の国会にあたる連邦議会はそれとはまた別に選挙が行われる。そこが決定的に日本と違う。そのため、当然ながら、トップリーダーを支える官房長官や幹事長にあたるポスト、役割にも、違いが出てくる。

議院内閣制の日本では、議会で多数党にならなければ政権を取れない。その多数党のナンバー1が総理大臣、ナンバー2が幹事長になるため、当然ながら総理大臣と幹事長とは、ある程度一体化する必要がある。そうなると、いかにその政権がうまく運営されるかについては、総理のリーダーシップも重要だが、幹事長が政権与党のナンバー2として総理を補佐して、党をうまくまとめられるかどうかということも大事になる。幹事長の力量が試されるのである。

しかし、大統領と議会がきっちり分立され、トップリーダーである大統領の権限が日本の総理大臣よりもはるかに強いアメリカの場合、日本の幹事長的な役割はあまり重要でなくなる。

官房長官も同じだ。第2章で官房長官の仕事範囲は幅広く、いろいろな役割を持っていることを紹介した。あらためて記すと、一つは総理大臣をサポートする右腕的な存在であり、女房役であること。それから、それに伴う政府のスポークスマンの役割を果たすこと。三つ目は、各役所を統括する、つまり、省庁組織をしっかり掌握していく必要があること。四つ目は、政府と議会の与野党の間に立って、うまく調整することが求められていること。大きな役割だけでも、一人4役も担っていることになる。

日本の場合、そういう役回りなのだが、アメリカのように政府と議会がまったく別だと、日本の官房長官がやっている役割が分割されて、それぞれを別の人間が担うことになる。

大統領＝与党の党首ではない

そもそもアメリカの場合、行政府のトップである大統領、イコール与党のトップではない。例えば、ドナルド・トランプは共和党の候補から選ばれた大統領だが、共和党の党首ではない。それどころか、かつては民主党の支持者だった時代もあるくらいだ。そして、大統領になったからといって、共和党の代表になるわけでもない。大統領の政策を基本的に共和党が支持するという構図だ。

民主党の場合も、ヒラリー・クリントンは民主党員だが、ヒラリーと民主党候補の座を争ったバーニー・サンダースという上院議員は、無所属で民主党の党員ではなかった。つまり、アメリカは二大政党の国ではあるのだが、その二大政党のそれぞれの党の代表が、大統領選挙に出るわけでも、選ばれるわけでもないのだ。

では、アメリカの政党のトップは誰なのかというと、じつは日本のような党首という役職は存在せず、あえて言えば、形式上は共和党、民主党ともに、それぞれ全国委員会のトップである全国委員長というポストが党首に近いと言える。

全国委員長というポストは、大統領選挙や連邦議会選挙に向けた党の活動方針などをまとめていく役職なのだが、アメリカの場合、日本の政党のような「党議拘束《とうぎこうそく》」、つまり党員は党が決めたことには従わなければいけないという縛りがそもそもない。日本でも最近は少し緩んでいるとはいえ、党で決めたことに従わないと党規違反に問われる。

ところが、アメリカの場合は日本の政党に比べて規律が弱く、逆に、伝統的に議員個人の権限が強いため、党議拘束というものが存在しない。議員個人の信条、良心に委ねるというところが多分にある。

そうなると、全国委員長は、連邦議員を束ねる立場ではあるものの、日本のように党首と言えるほどの立場でもないことになる。

日本の政党の党首にあたる全国委員長が行政のリーダー、つまり大統領になるわけではなく、党首というほどの力も権限もないとなると、ナンバー2、日本でいう幹事長の役割は、もっと小さくなる。

日本の幹事長は、前述したように、党の主要ポストの人事権を持っているし、政治資金を握っていて、選挙にあたっての公認権も持つ、という強力な権限があるが、アメリカでは、そういった権限が集約された役職はないのだ。

ただし、日本の幹事長とまではいかなくても、それに近い役割がなければ、あれだけ大きな国の議会はまとまらないだろう。

アメリカの場合は、連邦議会の中で上院と下院にわたって横断的にまとめている統一組織というものがなく、上院なら上院、下院なら下院の中で会派として行動している。そんな中にあって、院内総務という役職が、各院の会派全体をまとめていく立場になる。あえて自民党の幹事長に近い立場を挙げるとすれば、この院内総務ということになるだろう。

院内総務は、共和党なら共和党を中心とした会派の中で、民主党なら民主党を中心とした会派の中で投票によって決められる。任期は2年。多選禁止の規定はないようだが、基本的に、連邦議会の選挙から選挙までの2年間となっている。

その院内総務はどういう役割を果たすのか。まずは一つの会派として自分たちが目指す政策を決定する。そして、政治日程を調整する。その意味では、議会の中では一番力を持っている。議会としてどう大統領に対抗するかの策を講じるのも、院内総務の力によるところが大きい。

なかでも、日本の衆議院にあたる下院の場合は、下院議長が大統領の権限継承順位第2位とアメリカの憲法で規定されている。第1位は副大統領で、大統領、副大統領に相次いで不測の事態が起こるようなことがあれば、下院議長がその権限を継承する決まりになっている。その仕組みから見ても、下院の院内総務というのは、下院の会派の中でのナンバー2、日本の幹事長に近いポジションだと言えるだろう。

多くの場合、院内総務が下院議長に昇格することが多い。下院議長は、下院の多数会派から選ばれるので、直近の下院議員選挙で多数派にならなければならない。二大政党のアメリカの場合、選挙によって共和党と民主党が逆転することはよくあるので、少数党から多数党になった場合は院内総務が下院議長に昇格するため、新たに院内総務を選ぶ必要が出てくる。

その院内総務を決めるのは上院、下院それぞれの会派の中でのことで、大統領はまったくその人事に関与しない。

こうして見てみると、院内総務は議会の中で政策の調整だとか、この法案を通すか通さないといった政党同士の駆け引きの中心的な存在ではあるけれども、日本の幹事長とはずいぶん違うということが分かる。

アメリカにおける官房長官は？

次に、アメリカでは官房長官に相当する役職は何なのか。

アメリカでは前述したように、明確な三権分立の中で、行政府の長は大統領と規定されている。行政権というのも、大統領個人に帰属しているのだ。

これが日本の場合は、憲法65条に「行政権は、内閣に属する」と記されているように、行政権は内閣総理大臣ではなく、内閣にある。行政権を持つ内閣を統括するのが総理大臣という具合にワンクッション置いている。第2章で、ペルシャ湾への掃海艇派遣を閣議にかけるのだったら自分は署名しないと反対した後藤田官房長官のエピソードを紹介したが、これも行政権を持つのが内閣である以上、全閣僚の合意にもとづいて閣議決定をしなければならないことを知っているがゆえの発言なのである。

ところが、アメリカの行政権はあくまで大統領個人にある。これ独任制という。そのためアメリカの内閣というのは、政府の政策を決めるところではなくて、大統領の諮問機関的な役割に近い。

トランプ大統領を見ていればよく分かるが、自分と意見が合わない人間は、簡単にクビを切る。日本の場合も総理大臣が閣僚を罷免する権限は持っているが、不祥事などよほどのことがない限り、アメリカほど簡単にクビを切ったりはしない。議院内閣制であるため、党内や国会の運営がスムーズにいかなくなるからだ。

そして、アメリカの閣僚は、連邦議会の議員との兼務が禁じられている。日本の閣僚のほとんどが国会議員であるのとは対照的だ。なかでも主要閣僚である官房長官は、国務大臣となった66年以降は、国会議員以外から選ばれたことはない。

ところが、アメリカでは100%連邦議員ではない。そこが三権分立を徹底するアメリカらしいところでもある（唯一の例外は上院の議長で、アメリカの憲法によって副大統領がなると規定されている）。

このことが何を意味しているかというと、日本の場合は官房長官の地位がかなり高いということだ。アメリカの場合は、言ってみれば大統領から雇われている人間がやるということになる。

では、アメリカにおいて官房長官のような役割はいったい誰が担っているのか。アメリカの場合、大統領の首席補佐官というのが、人事や各省庁との調整、ホワイトハウス内の規律の維持などの任務を担っているということで、日本の官房長官と似ているところがあると言えるだろう。

しかし、外交や安全保障政策になるとまた担当が違ってきて、国家安全保障会議（ＮＳＣ）の大統領補佐官である、外交・安全保障担当大統領補佐官が、政府の外交・安全保障政策では中心を担うことになる。日本の外交や安全保障は、直接的には外務大臣や防衛大臣が担当大臣として役所を束ね、必要に応じて官房長官も調整しながら総理大臣を補佐するかたちになっている。

もう一つ、官房長官の重要な役割である、日々の記者会見は誰がやるのか。これは大統領報道官という、ホワイトハウスの報道官が担当している。大統領報道官は閣僚ではない。しかし、閣僚ではないが、大統領が何を考えているか、どういう政策を進めようとしているのかということを、記者から問われたら全部説明しなければならない。そのため、大統領報道官は、ホワイトハウスの重要会議には全部同席して、あらゆる情報を把握した上で記者会見に臨んでいる。

こうして見ていくと、日本の官房長官が持っている、強大で幅広い分野にわたる機能が、アメリカの場合、国家規模が違うとはいえ、かなり分かれているということが分かる。官房長官の役割が日本より細かく分割されているわけだ。

逆に言えば、大統領の権限がいかに強いかということでもある。そう考えると、日本の場合は総理大臣に権力が集中せず、チェック・アンド・バランスがそれなりに働いている仕組みと言うこともできる。

イギリスの場合

次にイギリスはどうか。

イギリスの場合は、大統領制ではなく、日本と同じ議院内閣制だ。日本の国会にあたる上院（貴族院）と下院（庶民院）のうち、下院の第一党の党首から首相が選ばれるのも日本と同じだ。

与党第一党の党首が首相になるということで、党をあずかるナンバー2的な存在、日本の幹事長にあたる存在が必要になってくる。現在のテリーザ・メイ首相は保守党の党首だから、保守党を例に挙げると、党の最高決定機関というのは党評議会というところで、その党評議会のトップを務めるのが党幹事長（Chairman of the Party）で、党の評議会議長を兼務している。

しかし、日本の幹事長（英語ではSecretary General）と大きく違うのは、選挙の公認に関して権限を持っているわけではないということだ。イギリスも小選挙区制だが、候補者を決める上で強い権限を持っているのは、各選挙区協会である。自民党で言えば都道府県連にあたる。各選挙区協会が候補者の公認にとても強い力を持っていて、ここの決定を中央組織は尊重せざるを得ないという。

小選挙区制なので、各選挙区に党の候補者は1人。選挙区を決めるにあたって、生まれ故郷だからとか、親の地盤を継ぐといったことはまずない。地縁も血縁も関係なく、すべて落下傘候補になる。そのあたりはイギリスはきわめて厳密にやっていて、新人候補は一番きつい選挙区から出馬させられる。

そこで、保守党も労働党も、候補者を決めるときは、その候補と面接して、政治信条や政策などを徹底的に問いただす。日本でも公募制などで広く候補者を募ることが多くなっているが、変な候補者もよく出てくる。東大卒、ハーバード大学院卒などという学歴が幅をきかせている。イギリスの場合は、厳密さが日本と違う。徹底的に調べられるし、晴れて候補者に選ばれても、新人であればあるほど、厳しい選挙区から勝ち上がっていくことを求められる。そして、だんだん有利な選挙区に移っていく。首相だったマーガレット・サッチャーやトニー・ブレア、現首相のメイも、このような難関を突破してトップに上り詰めていったのだ。

イギリスの場合、地区によっては宗教的な伝統も強くあり、落下傘候補の新人がそう簡単に票を集められるものでもない。相当厳しい制度と言える。自民党のように、幹事長がいろいろ根回ししたり、裏で力を行使して、自分の子飼い、自派閥の人間を優遇するということができない仕組みになっている。

日本との違いで言えば、もう一つ、制度的に、党幹事長が自民党のそれに比べて政権運営に対する影響力が弱いところがある。

かつて小沢一郎が日本でも取り入れようとした制度でもあるのだが、イギリスでは、内閣ができれば、与党の議員がみんな内閣に入っていく。要するに、日本よりもはるかに内閣と与党が一体化する仕組みになっているのだ。

与党の人間がごっそり内閣に行くとなるとどうなるか。内閣と党が一体化しているから、与党の幹事長は、内閣に対して異議申し立てをしたり、違う方針などを打ち立てられない。そうなると必然的に、幹事長の権限は弱くなる。

日本の場合は、内閣と党はいちおう別ものだから、内閣が決めたからといって、それがイコール与党の方針となるとは限らない。

例えば自民党では総務会で最終的に了承を得られなければ、内閣として法律を出せない。第2章で紹介した、宮沢内閣が政治改革法案を党内の強い反対で総務会を通せなかったのは、その典型例だ。

いくら政府が推し進めようとしても、国会で与党に法案を反対されれば通らない。そうなると、その分だけ内閣に対して幹事長の権限も大きくなる。その意味では、イギリスの与党の幹事長も、事実上、大きな力がないということだ。

イギリスの場合、党評議会が与党の最高意思決定機関だが、そうは言うものの、あくまでも建前であって、実際には政府と一体化しているのだから、最初から話はある程度決まっているということでもある。

イギリスにおける官房長官は？

では、イギリスにおける官房長官的な存在は誰なのか。

そもそも大臣の立場が日本と少し違う。イギリスの大臣には、まず各省を所管する国務大臣がいる。これを上級大臣と呼んでいる。首相とこの上級大臣20人程度で実質上、大事なことはみんな決めている。

それ以外に担当大臣（閣外大臣）という大臣がいて、その下の政務次官も、みんなすべて大臣と位置付けられている。また、政府と与党が一体なので、党の役職である院内総務とか院内幹事長、院内幹事、院内幹事補、法務官なども広い意味での大臣として扱われる。ただし、閣議に出席するのは国務大臣だけだ。

そういう大臣制度の中で、官房長官の役割を誰がやっているかというと、内閣府の内閣府担当大臣だ。国務大臣の場合も、ワンランク下の担当大臣の場合もある。

役割は政策の各省との調整や内閣の広報担当なので、その意味では日本の官房長官に近い。

また、内閣府担当大臣とは別に、首相官邸には日本の官房長官と同じ英語表記を持つ内閣官房長（Cabinet Secretary）という役職もある。仕事は主に閣議の記録をつけることで、権限はそれほど強くないようだ。日本の官房長官がやっているような日々の記者会見は首相官邸の報道室の首席報道官（Chief Press Secretary）が行っている。

首席報道官は国会議員ではなく、職業公務員の中から起用される。このイギリスの例を見ても、日々の記者会見を大臣がやるという日本は、きわめて珍しいことが分かる。お隣の中国で対外的な記者会見をやっている女性報道官も、中国外交部の人間で、閣僚ではない。

ドイツの場合

もう一つ、主要国の例を挙げておこう。ＥＵの中心を担っているドイツではどうなっているか。

あまり知られていないが、ドイツは16の州による連邦制の国で、大統領制（連邦大統領）をとっている。国際ニュースなどでは、アンゲラ・メルケル首相（連邦首相）ばかりが表舞台に出て、大統領の名前をメディアで聞くことはめったにないが、現在の大統領はフランク＝ヴァルター・シュタインマイヤーという人である。

ただし、大統領といっても、アメリカのように強大な権力を持っているわけではなく、主に儀礼的な役割で、政治的な権限の多くは首相にある。

いまのメルケル首相は、キリスト教民主同盟（ＣＤＵ）の党首だが、ＣＤＵの幹事長を経て党首になり、首相に就いた。だからドイツの場合、幹事長というのは、順調にいけば日本と同じように党首になり、与党であれば首相になる、非常に重要な党のナンバー２のポストであるということだ。

ただ、自民党の幹事長と異なるのは、幹事長は日本でいう国会議員、つまり連邦議員である必要はないということだ。

例えば２０１７年のドイツ連邦議会選挙後、メルケルは、ザールラント州の首相を務めていたアンネグレート・クランプ＝カレンバウアーという女性をＣＤＵの幹事長に指名した。格としては各州の首相のほうが党の幹事長よりも上で、見かけ上は降格にもかかわらず彼女が指名を受けたのは、事実上のメルケルの後継者だという意味合いがあったからだと言われている。

東西ドイツ統一時のヘルムート・コール首相も、ラインラント＝プファルツ州の首相を経験しているなど、ドイツの首相には州の首相経験者がけっこういる。

ドイツにおける官房長官は？

では、ドイツの場合、官房長官は誰なのか。

ドイツでは、14省庁のトップと連邦首相府の長官の合わせて15の閣僚ポストがあり、この連邦首相府長官が日本の官房長官にあたる。

連邦首相府長官は首相を支え、各省や与党内の連絡調整にあたるので、その意味では日本の官房長官と非常に似ている。ただし、ドイツでも日々の記者会見は、アメリカやイギリス同様、政府の報道官がやっている。

諸外国と比較して見えてくること

こうしてみると、日本の官房長官や幹事長は、国際的に見ると意外に立場や権限が強く、それだけに政権内で重要なポジションだということが分かる。

このことは、参議院（アメリカやイギリスでいう上院）についても言える。よく「参議院は盲腸だ」、つまり存在理由がないんじゃないかなどと言われたりする。

それというのも、憲法の規定でも、衆議院の権限のほうが強く、最終的に衆議院で決まったことが優先されることが多いからだ。

しかし、実際にはそんなことはない。日本の参議院は世界の上院の中でもかなり強い存在だと言える。というのも、衆議院で通った法案は参議院で否決されたら成立しないからだ。

予算案は衆参で意見が一致しないときは衆議院の議決が国会の議決になることになっているが、法案はそうではない。衆議院と参議院で賛否が分かれたときは衆議院で再議決することになっているが、このとき衆議院で出席議員の３分の２以上の賛成がなければ、参議院の議決を覆せない。

人事にいたっては、参議院に反対されたら覆せない。日本銀行の総裁や行政機関の委員会や審議会の委員長・委員を決める際は、両院の同意を得て、内閣が任命することになっているからだ。実際に、衆参のねじれのときに日銀総裁がなかなか決まらなかったことがあった。このように日本の参議院はじつは意外に権限が強いのだ。

逆に言えば、衆参のねじれになったときは、参議院の過半数は野党が抑えていることになる。これは事実上、参議院が主導権を握っているのと同じことだ。そのため、戦後の日本の議会の歴史を振り返ってみても、参議院対策が一番大変だった。事実、池田勇人内閣や佐藤栄作内閣のときには、参議院は「重宗《しげむね》王国」と言われていた。3期9年にわたり参議院議長を務めた重宗雄三《ゆうぞう》が絶大な力を持っていて、参院のドンとして君臨していた。最近でも、青木幹雄が参議院の議員会長をやっていたときに参議院の力が非常に強かった。

このような歴史もあり、歴代の内閣は、ねじれのときに限らず、参議院に対してかなり気を使ってきた歴史がある。参議院で力を持つということは、政界に対して発言力を持つということを意味するのだ。

そもそも参議院は、前述したように衆議院に対し与野党共通した対抗意識がある。衆議院優越の原則ということもあって、どうしても参議院側には劣等感が出てしまう。そのため、与野党が一致して衆議院に対抗してくることがあるので、さらに厄介になる。まして、ねじれになれば何をかいわんや、である。

こういう現実を見たときに、巷間《こうかん》言われている参議院は盲腸だとか、存在感が薄いといった批判は、かなり実態とは違うことを知っておく必要がある。

同じように、官房長官と幹事長を見た場合でも、日本のほうが権力がそこに集まってきていることがよく分かる。とくに官房長官などはいろいろな権限をフルに使おうと思えば、かなり強力な権力体制を作れるということだ。現在の菅官房長官がまさにそれをうまく活用しているが、実際にすべての権限を行使しないまでも、法律上・体制上はできるということだ。

そう考えると、この二つのポストは日本においてはとくに大事だということが、国際的な比較を見てもよく理解できるだろう。

日本の官房長官、幹事長の特殊性

そういう中で、では、日本の官房長官、幹事長というのは、どうあるべきなのか。トップリーダーを支える右腕的存在であり、ナンバー2であるというのは、どうあるべきなのか。私なりの意見を述べておきたい。

これまで、官房長官、幹事長のいろいろな類型を見てきた。どちらも主としてトップリーダーである総理・総裁との関係で見てきたが、まず言えることは、優れた官房長官、幹事長と評価されるためには、その政権をきちんと下支えして強化できるかどうかにかかっているということだ。

その後に自分が出世できるかどうかも、幹事長ならまずは党の勢力拡大に貢献できるかどうかが重要になる。そのためには、候補者の選定にしろ、お金の配分にしろ、それが自分のためではなく、党の強化になっているかどうか。党の強化になっているということは、それが与党であるならば、政権の強化につながる。そうなればより幹事長としての影響力を発揮しやすい状況にもなる。

自分を抑えて党のためにやったことがやがて自分に返ってくる。中曽根のエピソードで触れたように、多彩な人材を大事にすることによって、やがてそれが自分の財産にもなっていく。自分の派閥の人間だけを可愛がるのではなくて、派閥に関係なく面倒を見るという姿勢が、結局は自分を引き上げてくれる力につながっていくわけである。

官房長官についても同じ。官房長官も徹底的にその政権のために「私」を捨ててやるのでなければ、その政権にとっても、そして自分自身にとっても決してプラスにならない。

そのためには、この総理大臣は何を考えているのか、何をしようとしているのか、ということを何より優先して一番に考える。そのことが逆に自らのステップアップにつながるということを、歴代の官房長官が証明してきたと思う。

官房長官のタイプにもいろいろあることを紹介したが、いずれのタイプであっても、その総理大臣の意向を十分に汲《く》んで、総理大臣との間にしっかり信頼関係を築くということが何よりも大切である。そうしないと、閣僚はもとより、官僚全体、行政組織を掌握できなくなるし、与党に対しても説得力がなくなってしまう。

一強体制は悪なのか

第2次以降の安倍内閣は、「安倍一強」などと批判的に言われている。しかし、私からみればそのどこが問題なのか、という感じがする。総理大臣がリーダーシップを取れない政権が数多くあった中で、総理が率先してリーダーシップを発揮している状況自体に、問題があるはずがない。政権というのは、国民の選挙によって選ばれるわけで、選ばれた以上は、しっかりとリーダーシップを発揮して、強い政府であってもらわなければ困る。そして、その政策がどうだったか、やり方がどうだったかについては、次の選挙で審判される。裁かれるのだ。

だから、一強が良いか悪いかを裁くのはあくまで選挙だということ。そこを勘違いしてはいけないだろう。

よく野党が「一強体制はおかしい」などと批判するが、その批判は的外れもいいところで、自分たちがもっと力を持つようにすればいいだけの話である。まして与党内からそんな声が出るのはもっとおかしい。天にツバする話だ。

海の向こうのトランプ大統領は、ある意味では、民主主義国家における力の行使の究極の姿である。権力というものをオブラートに包むこともなく、ネイキッド・パワー（裸の権力）を行使するとどうなるか、これほど参考になる見本はない。

良くも悪くもお手本になり得る。側近であっても、いつ、誰がクビを切られるか分からない。強大な権力を持つアメリカの大統領だと、やろうと思えばそれがたやすくできる。

どんな権力であっても、ある程度、チェック・アンド・バランスの機能がないと暴走してしまうことを考える上でも、いい参考事例という見方もできる。トランプがいつまでいまのやり方を維持できるのかという問題もあるが。

日本の場合は、幹事長も結構な力を持っているということで、リーダーの権力行使が行き過ぎたときの歯止めの役割も果たせる。1987年のペルシャ湾への掃海艇派遣問題で、後藤田が中曽根に諫言したように、官房長官もリーダーの判断に待ったをかけられる。しかし、いずれのポストであれ、それを担う人間がどういう信条、覚悟でやっているかが問われることも間違いない。

終　章

人と組織を動かす人間に欠かせないもの

安倍政権が長く続く真の理由

これまで、トップリーダーとしての総理・総裁を支える官房長官像、幹事長像を、私なりの見解も含めて、いろいろと語ってきた。総理大臣から見れば、右腕であり、女房役とも言えるのが官房長官。与党のトップから見ればナンバー2が幹事長である。

そんな立場の人間が、リーダーとともに力を合わせて、国をうまく回していくためにはどうあるべきかを、あらためて最後のまとめとして、総括していきたいと思う。

官房長官であれ幹事長であれ、トップである総理・総裁との信頼関係がなければならないのは言うまでもない。一番大切なのは何をおいてもまずは信頼関係なのだ。

トップからすれば、彼ら官房長官、幹事長を選ぶ基準もしっかり持っておかなければならないということになる。総理・総裁が官房長官、幹事長を決める際に、何を基準に決めるかということだ。

安倍晋三はなぜ菅義偉を官房長官に選んだのか。後から見るとはっきり分かる。それは官僚をビシッと掌握するためだ。

これは中曽根が後藤田を官房長官に選んだときとよく似ている。あのときは行財政改革という大きな課題を抱えていた。臨時行政調査会をどうするかであったり、国鉄の民営化をいかに実現するかだったり、官僚にも協力させながら解決しなければならない、いろいろな問題を抱えていた。だからこそ中曽根は後藤田を指名した。菅の場合も同じで、それをきちんとやってくれる人間だということが基準だった。結果的に、それはかなりの程度、成功したと言えるだろう。

安倍政権における二階俊博幹事長はどうか。どこか茫漠《ぼうばく》として、つかみどころがない。そういう柔構造のような感じの幹事長だが、ビシッと押さえるところでは押さえる。清濁、硬軟取り混ぜながら、党をうまくまとめている。

まわりからすれば、よく分からないまま、いつの間にかまとまっていたといった感じだろう。かつての金丸信みたいに「叩いてはさすって、さすっては叩く」ような政治力を遺憾なく発揮している。

その意味では安倍人事というのは、結果的にうまく配置されていた。だから戦後内閣でも有数の長期政権を維持できたのだろう。

第1次安倍内閣では、失言や不祥事で閣僚の辞任が相次いだ。安倍はそのときの失敗を教訓にして、人事には腐心した形跡がある。小泉内閣のときのように総理・総裁自らの考え一本で決めたわけではないため、第2次内閣以降もいろいろな問題を起こして辞任した閣僚もいたが、官房長官や財務大臣、幹事長など重要ポストは、自らが信頼を寄せる人物を据えた。それが、安倍内閣の長期安定の一因となったことは間違いない。

ナンバー2とはどうあるべきか

逆に幹事長、官房長官の、いわゆるトップを支える側の立場としての意識はどうあるべきか。それは、自分のためにやっているんじゃない、ということをいかにまわりに思わせられるか。そこが一番大事なことだ。幹事長、官房長官だけではなく、政治家である以上同じだと思う。

さらに言えば、何も政治家だけではなく、新聞記者であれ、一般の会社員であれ、人間組織で働くすべての人に当てはまることではないのか。

まずそこで、「私」を捨てて、自分の役割に徹しているかどうかで評価が定まるのではないか。

官房長官や幹事長は、とくに強い権限がある。それだけに、その仕事ぶりで多くの人望を得るか、そのポストから外れた途端にまわりが離れていくかは、その人間次第ということになる。そういう意味でも、ポストは使いようなのだ。

いまだに後藤田正晴が評価されているのはそういうところにある。後藤田は伊豆大島・三原山の噴火の際の島民避難で、自分のためにリーダーシップを発揮したのか。自分のために掃海艇派遣問題で職を賭して反対したのか。違うだろう。

無私ということは、公正であるということでもある。公平公正ということだ。

そして、公平公正の先に何を見ているのか。つまり、何を一番の目的としてやっているのかが大切なのだ。

政治家にとっての究極の目的とは国民の幸せであり、そのために自らに与えられた仕事に専念することだと思う。

もちろん、幸せとひと言で言っても、人それぞれいろいろな感じ方、考え方があって一様ではないだろうが、その政権に仕える限りは、トップが掲げた方針を徹底すべきだと私は思う。自分だったらこうするんだというのは、自分がトップになったときにやればいい話のはずだ。

人の上に立つ人間の原点

政治家としての何よりの基本は、自分は政治家としてこうしたい、この国をこうしたいという信念を持つことだろう。こういう国にしたい。あるいは、こういう恵まれない人たちに手を差し伸べたいといったことだ。要するに何のために政治家をやっているのかという原点の部分である。

しかし、ただ信念を持っているだけでも駄目で、それを実現するためには自分と同じような思いを持つ人、支えてくれる人を、長い時間をかけて増やしていかなければいけない。同志を作っていくということだ。

そして、もう一つ大切なことは、自分の意見に反対の人であっても、それを認めつつ、反対意見をも包み込みながら進めていけるような包容力を持っていることである。政治においては、そういう柔軟性も必要だと思う。

傲慢にならない。常に謙虚である。このことは、トップリーダーである総理大臣はもとより、それを支える官房長官、幹事長であっても、強い権限を持てば持つほど大事になってくるだろう。

政治家に欠かせぬ想像力

２０１８年７月に西日本で豪雨被害が予想される中、自民党の一部議員が赤坂の議員宿舎に集まって、安倍首相を囲んで懇親会を開いたことで、世間の批判を浴びた。いわゆる〝赤坂自民亭〟問題だ。

懇親会を開くこと自体は別に問題ではない。が、豪雨被害が予想される中で、それをＳＮＳにアップして、こんなに楽しんでますよ、こんなにも総理大臣と親しいですよ、政権の中枢にいるんですよ、などと世間にアピールする神経が私には分からない。

政治家であるならば、自分が被害が予想される側の立場だったらどうなるのだろう、自分が被災者だったらどう感じるだろうということを、常に想定しておかなければいけない。

それでなくても、自然災害というのは、日本においては、いつ何時、自分に降りかからないとも限らない。もう特定の人だけの話ではない。日本国民全体が明日は我が身の可能性があるわけだ。政治家にとって想像力はとても大切なのだ。

ある地方を大雨が襲った。ものすごい量の雨が降った。独り暮らしの年寄りはどんなに心細く思っているんだろう。そう思うと、こうしてはいられない。そんな気持ちがあれば、やるべきことはまったく違ったと思う。政治家をやっている限り、四六時中そういう想像力を働かせていなければいけない。逆に、それができないなら、政治家を目指すべきではない。

「政治は弱者のためにある」を口癖にしているのは二階幹事長だが、はたして、あの赤坂自民亭のSNSアップは誰のためだったのか。弱者といっても社会的、経済的、身体的…といろいろな弱者がいるだろうが、そういう人たちのことを常に想定できていたのか、というと、かなり疑問を感じざるを得ない。

あらためて問いかけたい「政治とは鎮魂である」

「政治とは鎮魂である」とは、大平正芳の政治信条だった。政治とは、人びとの魂を鎮めるものである。日々、誰もが不安を感じながら生活している。だから、政治がやるべきことは、なによりもその不安を取り除く努力をすることである。政治は、この国に生きる人びとに精神的な安定を与えなければいけない、ということだ。

大平は大蔵省出身で、官房長官や幹事長、総理大臣も経験したエリート政治家のように思われているが、その政治活動の土台には、香川の田舎の農家の8人兄弟の三男坊に生まれ、経済的にも恵まれず、苦学して東京商大（現・一橋大学）に入ったという経歴がある。

大学を出て大蔵省に入るのだが、大平のようなキャリア官僚は、若くして税務署長になる。大平も27歳で横浜税務署長を経験し、さらに翌年には仙台税務監督局の間税部長に任命される。そのときにこんなエピソードがある。

当時はまだ日本全体が貧しく、各地で密造酒、いわゆる「どぶろく」が造られていた。そして、仙台税務監督局の間税部員の仕事の半分は、もっぱらその摘発だったという。しかし、大平はその仕事が一番嫌だった。清酒を買うにも貧しくて買えない。だから、どの家も密かに家でどぶろくを造っていた。そして一日、一生懸命働いた疲れを、どぶろくを飲んで癒していた。

私の生まれ育った秋田でもそうだった。どの家庭もどぶろくを密かに造っていて、「税務署が来た」となると、カーン、カーンと鐘を叩いてみんなに知らせる。そうするとどの家もどぶろくを2階に上げたり、裏山に瓶を持っていって隠したりした。

それでも税務署も勝手知ったるもので、多くは摘発されてしまう。摘発されたとき、その家の一番の働き手を引っ張られて留置されると、次の日からの農作業ができなくなってしまう。そのため、たいていその家のおばあさんが「私が造りました」と言って、連れて行かれることになる。

大平はその摘発がすごく嫌だったという。たしかに酒税法では、庶民が酒を造ることは禁じられている。禁じられているのだけれども、清酒を買えない庶民の唯一の楽しみのどぶろくを、なぜ摘発しなければいけないのか。やるせない気持ちになったと述懐している。

そんなこともあって、大平は東京財務局の間税部長に昇格後、戦局の悪化で国民に我慢を強いることが続く中で、昭和19年に自らの発案で「国民酒場」を創設する。「一般の国民の間には、ようやく戦いに倦《う》み、きびしい耐乏生活と、はげしい勤労に疲れた空気が見え始めていた。一日の仕事が終わったあと、ビアホールで一杯飲んで疲れをいやすとか、一合の酒でうさ晴らしをしてもらう必要があるのではないか、と思いついたわけである」と『私の履歴書　大平正芳』（日本経済新聞社）の中で語っている。

大平は大蔵省の主計局主査時代に、奨学金制度のための「大日本育英会」（現・日本学生支援機構）の創設にも関わっている。その際、制度運営をめぐって、奨学金対象者を絞って、そのぶん負担を軽くする「給費（給付）」制にすべきか、対象者が広がる「貸費《たいひ》（貸与）」制にするかで、意見が分かれた。

大平は「給費」制を主張したのだが、最後は、植木庚子郎《うえきこうしろう》主計局長に、切々たる心情を吐露されて、「貸費」制にすることに同意する。そのときのやりとりも『私の履歴書　大平正芳』に記されているのでその一節に、大平の心情がよく表されているので紹介しよう。

「（植木）『自分は貧しい家に生まれて、到底上級学校に進学できる身分ではなかった。そこで養家から一高、東大に進学させてもらった。男が自分の姓を変えるというのは辛いことだ。しかし、いまの日本には、同じような境遇にあって進学を断念せざるを得ない人も多かろう。私は後進の青年のために、こうした辛酸を嘗めさすに忍びない』（中略）これを聞いて私（大平）も、苦しかった学生時代を思い浮かべて、すっかり参ってしまった。現在の日本育英会は、こうして昭和十八年から発足したのである」

このエピソードからも、後の政治家・大平正芳の政治信条「政治とは鎮魂である」の一端が見えてくる。

貧しくとも、親がなくとも、がんばって勉強して、大学を出れば、偉くなれる。貧乏から抜け出せる。大平に限らず、かつてはそれを信じて必死の思いでやってきたところがあった。その思いに応えるのが政治であるということだ。そういう信念が政治家の中にあるかどうか。時代は大きく変わっても、このことの大切さはまったく変わらないと思う。

そのことを、現在の政治家にも、いま一度、自らに問いただしてもらいたいと思っている。

政治とは心

私自身は政治記者として、政治とは心であるとずっと言い続けてきている。政治とは心、つまり人びとの心をどのように理解しようとしているのか。そこが一番大事なことだと思っている。

幹事長であろうが、官房長官であろうが、その心を持って、いまいる自分のポストに対していかに忠実であるか。出世の一階段にしてやろうとかそんなことではない。誠心誠意務めているかどうかということだ。

何度も言うように、これは政治家だけの話ではない。人間社会を生きるすべての人たちに問われていることのように思う。

私も読売新聞の特別編集委員という、特別な制度を作ってもらってやっているが、それに対してどれだけ誠心誠意やれているのか。あるいは、父親としてどれだけ家庭で誠心誠意努めているか。後者についてはあまり自信はないけれども（笑）。

日々、そのことを自分自身に問いかけることこそが大切なのではないかと、信じている。

おわりに——政治は、人間のもっとも人間らしい行為である

「政治を語ることは難しい。それは人間を語ることだからである」。四十年以上の政治記者生活を通じての私の実感です。『平和の代償』（中央公論社）などの名著を残した政治学者、永井陽之助さんは、一九六〇年代後半、東工大の学長補佐として学園紛争の処理に当たりました。その際、理工系の教官からしばしば質問されたといいます。

「月にまで人間を送ることができるようになったのに、どうして大学紛争から国際政治に至るまで、くだらない紛争が絶えないのか。政治学や法律学がよほど未発達のためではないか」。それに対して永井さんはこう答えたそうです。「月に人間を送ることに成功したのは、要するに、地球と月との間には、人間が棲んでいないからですよ」

そうなのです。人間は「神と悪魔の間」の存在でもあります。時に神のような崇高さも持っていれば、時に悪魔のような邪悪さも潜んでいるのが人間です。しかも同じ人間の中で神

と悪魔が行ったり来たりします。その人間のもっとも人間らしい行為かもしれない「政治」が難しくないわけがありません。それゆえにまた「政治」はおもしろいのです。

　本書を書くにあたってもっとも心がけたのは、「人間」分析を通じて「政治」の不可思議さ、おもしろさを伝えたいということでした。そして頭をよぎったのは、政治の世界は何も特殊な世界ではなく、さまざまな世界、さまざまな組織に通じる、ある種の普遍性を持っているのではないかということでした。それを十分描き切れたのかについては、読者の皆さんの寛容さにすがりたい気持ちで一杯です。

　本書の校正中に、第4次安倍改造内閣が発足しました。菅官房長官や二階幹事長の留任は政権基盤の安定のためには当然だと思います。本書を読んでいただければ、そのことの意味も分かってもらえると思いますが、政権の骨格をかえることで政権が弱体化した事例をいくつも挙げることが可能です。その一方で、今回の改造は「入閣待機組」の大量起用によって魅力の乏しいものに国民には映ってしまいました。当選回数の多い人を初入閣させることで党内の不満を抑えるという「安定」を求めた「滞《たい》貨《か》一掃《いっそう》」「在庫一掃」でしたが、国民は敏感に反応し、内閣支持率は上がりませんでした。ただそれもまた、一つの「政治」なのかもしれません。

このささやかな書をつくるにあたって、まず感謝しなければならないのは青春出版社の中野和彦さんです。本書の発案から下調べ、私の記憶違いの訂正に至るまで情熱を持って編集に当たってくれました。仲介の労を取っていただいたニチエンプロダクションの山本美樹さんとともに心から感謝しております。読売新聞の望月公一編集委員と伊藤俊行政治部長にも随分お世話になりました。これまでの著書もそうでしたが、今回も私の秘書、阿部匡子さんにはあらゆる点でご苦労をかけました。深くお礼申し上げます。

二〇一八年十月

橋本　五郎

官房長官在任期間	自民党幹事長	幹事長在任期間
1964.11.9-1966.8.1	三木武夫	(1964.7) -1965.12
	田中角栄	1965.12-1966.12
1966.8.1-1966.12.3		
1966.12.3-1967.2.17	福田赳夫	1966.12-1967.11
1967.2.17-1967.6.22		
1967.6.22-1968.11.30		
	田中角栄	1967.11-1971.6
1968.11.30-1970.1.14		
1970.1.14-1971.7.5		
1971.7.5-1972.7.7	保利茂	1971.6-1972.7
1972.7.7-1972.12.22	橋本登美三郎	1972.7-1974.11
1972.12.22-1974.11.11		
1974.11.11-1974.12.9	二階堂進	1974.11-1974.12
1974.12.9-1976.12.24	中曽根康弘	1974.12-1976.9
	内田常雄	1976.9-1976.12
1976.12.24-1977.11.28	大平正芳	1976.12-1978.12
1977.11.28-1978.12.7		
1978.12.7-1979.11.9	斎藤邦吉	1978.12-1979.11
1979.11.9-1980.7.17	桜内義雄	1979.11-1981.11
1980.7.17-1982.11.27		
	二階堂進	1981.11-1983.12
1982.11.27-1983.12.27		
1983.12.27-1985.12.28	田中六助	1983.12-1984.10
	金丸信	1984.10-1986.7
1985.12.28-1986.7.22		
1986.7.22-1987.11.6	竹下登	1986.7-1987.10
	安倍晋太郎	1987.10-1989.6
1987.11.6-1989.6.3		
1989.6.3-1989.8.10	橋本龍太郎	1989.6-1989.8
1989.8.10-1989.8.25	小沢一郎	1989.8-1991.4
1989.8.25-1990.2.28		
1990.2.28-1991.11.5		
	小渕恵三	1991.4-1991.10
	綿貫民輔	1991.10-1992.12
1991.11.5-1992.12.12		
1992.12.12-1993.8.9	梶山静六	1992.12-1993.7
	森喜朗	1993.7-1995.8
1993.8.9-1994.4.28		
1994.4.28		
1994.4.28-1994.6.30		

歴代政権の内閣官房長官と自民党幹事長（1964.11 ～ 1994.6）

内　閣	内閣官房長官
第1次佐藤内閣	橋本登美三郎
第1次佐藤内閣第1次改造内閣	橋本登美三郎
第1次佐藤内閣第2次改造内閣	愛知揆一
第1次佐藤内閣第3次改造内閣	福永健司
第2次佐藤内閣	福永健司 木村俊夫
第2次佐藤内閣第1次改造内閣	木村俊夫
第2次佐藤内閣第2次改造内閣	保利茂
第3次佐藤内閣	保利茂
第3次佐藤内閣改造内閣	竹下登
第1次田中角栄内閣	二階堂進
第2次田中角栄内閣	二階堂進
第2次田中角栄内閣第1次改造内閣	二階堂進
第2次田中角栄内閣第2次改造内閣	竹下登
三木内閣	井出一太郎
三木内閣改造内閣	井出一太郎
福田赳夫内閣	園田直
福田赳夫内閣改造内閣	安倍晋太郎
第1次大平内閣	田中六助
第2次大平内閣	伊東正義
鈴木善幸内閣	宮沢喜一
鈴木善幸内閣改造内閣	宮沢喜一
第1次中曽根内閣	後藤田正晴
第2次中曽根内閣	藤波孝生
第2次中曽根内閣第1次改造内閣	藤波孝生
第2次中曽根内閣第2次改造内閣	後藤田正晴
第3次中曽根内閣	後藤田正晴
竹下内閣	小渕恵三
宇野内閣	塩川正十郎
第1次海部内閣	山下徳夫
	森山眞弓
第2次海部内閣	坂本三十次
第2次海部内閣改造内閣	坂本三十次
宮沢内閣	加藤紘一
宮沢内閣改造内閣	河野洋平
細川内閣	武村正義
羽田内閣	羽田孜
羽田内閣	熊谷弘

官房長官在任期間	自民党幹事長	幹事長在任期間
1994.6.30-1995.8.8	(森喜朗)	(1993.7-1995.8)
1995.8.8-1996.1.11	三塚博	1995.8-1995.10
	加藤紘一	1995.10-1998.7
1996.1.11-1996.11.7		
1996.11.7-1997.9.11		
1997.9.11-1998.7.30		
1998.7.30-1999.10.5	森喜朗	1998.7-2000.4
1999.10.5-2000.4.5		
2000.4.5-2000.7.4	野中広務	2000.4-2000.12
2000.7.4-2000.10.27		
2000.10.27-2001.4.26		
	古賀誠	2000.12-2001.4
2001.4.26-2003.11.19	山崎拓	2001.4-2003.9
	安倍晋三	2003.9-2004.9
2003.11.19-2004.5.7		
2004.5.7-2005.9.21		
	武部勤	2004.9-2006.9
2005.9.21-2005.10.31		
2005.10.31-2006.9.26		
2006.9.26-2007.8.27	中川秀直	2006.9-2007.8
2007.8.27-2007.9.26	麻生太郎	2007.8-2007.9
2007.9.26-2008.9.24	伊吹文明	2007.9-2008.8
	麻生太郎	2008.8-2008.9
2008.9.24-2009.9.16	細田博之	2008.9-2009.9
2009.9.16-2010.6.8	大島理森	2009.9-2010.9
2010.6.8-2011.1.14		
	石原伸晃	2010.9-2012.9
2011.1.14-2011.9.2		
2011.9.2-2012.12.26		
	石破茂	2012.9-2014.9
2012.12.26-2014.12.24		
	谷垣禎一	2014.9-2016.8
2014.12.24-2017.11.1		
	二階俊博	2016.8-
2017.11.1-		

歴代政権の内閣官房長官と自民党幹事長（1994.6 ～）

内　閣	内閣官房長官
村山内閣	五十嵐広三
村山内閣改造内閣	野坂浩賢
第1次橋本内閣	梶山静六
第2次橋本内閣	
第2次橋本内閣改造内閣	村岡兼造
小渕内閣	野中広務
小渕内閣第1次改造内閣	
小渕内閣第2次改造内閣	青木幹雄
第1次森内閣	
第2次森内閣	中川秀直 福田康夫
第2次森内閣改造内閣	
第1次小泉内閣	
第1次小泉内閣第1次改造内閣	
第1次小泉内閣第2次改造内閣	
第2次小泉内閣	細田博之
第2次小泉改造内閣	
第3次小泉内閣	
第3次小泉改造内閣	安倍晋三
第1次安倍内閣	塩崎恭久
第1次安倍改造内閣	与謝野馨
福田康夫内閣	町村信孝
福田康夫改造内閣	
麻生内閣	河村建夫
鳩山由紀夫内閣	平野博文
菅内閣	仙谷由人
菅内閣第1次改造内閣	
菅内閣第2次改造内閣	枝野幸男
野田内閣	藤村修
野田内閣第1次改造内閣	
野田内閣第2次改造内閣	
野田内閣第3次改造内閣	
第2次安倍内閣	菅義偉
第2次安倍改造内閣	
第3次安倍内閣	
第3次安倍内閣第1次改造内閣	
第3次安倍内閣第2次改造内閣	
第3次安倍内閣第3次改造内閣	
第4次安倍内閣	
第4次安倍改造内閣	

おもな参考文献

『私の履歴書　大平正芳』大平正芳（日本経済新聞社）
『天地有情　五十年の戦後政治を語る』中曽根康弘（文藝春秋）
『内閣官房長官』後藤田正晴（講談社）
『情と理　後藤田正晴回顧録』上・下　後藤田正晴（講談社）
『含羞の人　藤波孝生追悼集』藤波孝生追悼集刊行委員会
『私は闘う』野中広務（文藝春秋）
『老兵は死なず　野中広務全回顧録』野中広務（文藝春秋）
『聞き書　武村正義回顧録』武村正義〔述〕、御厨貴・牧原出〔編〕（岩波書店）
『内訟録　細川護熙総理大臣日記』細川護熙（日本経済新聞出版社）
『自民党幹事長室の30年』奥島貞雄（中央公論新社）
『自民党秘史　過ぎ去りし政治家の面影』岡崎守恭（講談社）
『総理の器量　政治記者が見たリーダー秘話』橋本五郎（中央公論新社）
『総理の覚悟　政治記者が見た短命政権の舞台裏』橋本五郎（中央公論新社）

青春新書
INTELLIGENCE

こころ涌き立つ「知」の冒険

いまを生きる

"青春新書"は昭和三一年に――若い日に常にあなたの心の友として、その糧となり実になる多様な知恵が、生きる指標として勇気と力になり、すぐに役立つ――をモットーに創刊された。

そして昭和三八年、新しい時代の気運の中で、新書"プレイブックス"にその役目のバトンを渡した。「人生を自由自在に活動《プレイ》する」のキャッチコピーのもと――すべてのうっ積を吹きとばし、自由闊達な活動力を培養し、勇気と自信を生み出す最も楽しいシリーズ――となった。

いまや、私たちはバブル経済崩壊後の混沌とした価値観のただ中にいる。その価値観は常に未曾有の変貌を見せ、社会は少子高齢化し、地球規模の環境問題等は解決の兆しを見せない。私たちはあらゆる不安と懐疑に対峙している。

本シリーズ"青春新書インテリジェンス"はまさに、この時代の欲求によってプレイブックスから分化・刊行された。それは即ち、「心の中に自らの青春の輝きを失わない旺盛な知力、活力への欲求」に他ならない。応えるべきキャッチコピーは「こころ涌き立つ"知"の冒険」である。

予測のつかない時代にあって、一人ひとりの足元を照らし出すシリーズでありたいと願う。青春出版社は本年創業五〇周年を迎えた。これはひとえに長年に亘る多くの読者の熱いご支持の賜物である。社員一同深く感謝し、より一層世の中に希望と勇気の明るい光を放つ書籍を出版すべく、鋭意志すものである。

平成一七年　　刊行者　小澤源太郎

著者紹介

橋本五郎〈はしもと ごろう〉

1946年秋田県生まれ。70年慶應義塾大学法学部政治学科を卒業後、読売新聞社に入社。論説委員、政治部長、編集局次長を歴任。2006年より特別編集委員。読売新聞紙上で「五郎ワールド」を連載し、書評委員も担当。日本テレビ「スッキリ」、読売テレビ「ウェークアップ！ぷらす」、「情報ライブ ミヤネ屋」にレギュラー出演。2014年度日本記者クラブ賞受賞。著書に、『心に響く51の言葉』(中央公論新社)、『総理の覚悟』『総理の器量』(ともに中公新書ラクレ)、『「二回半」読む』『範は歴史にあり』(ともに藤原書店)等がある。

政権《せいけん》を支《ささ》えた仕事師《しごとし》たちの才覚《さいかく》

官房長官《かんぼうちょうかん》と幹事長《かんじちょう》

青春新書
INTELLIGENCE

2018年11月15日　第1刷
2018年12月15日　第3刷

著　者　橋《はし》本《もと》五《ご》郎《ろう》

発行者　小澤源太郎

責任編集　株式会社プライム涌光

電話　編集部　03(3203)2850

発行所　東京都新宿区若松町12番1号 〒162-0056　株式会社青春出版社

電話　営業部　03(3207)1916　振替番号　00190-7-98602

印刷・中央精版印刷　製本・ナショナル製本

ISBN978-4-413-04557-5

こころ涌き立つ「知」の冒険！

青春新書 INTELLIGENCE

お願い ページわりの関係からここでは一部の既刊本しか掲載してありません。折り込みの出版案内もご参考にご覧ください。